1911 Avril 3

Vente du 3 au 8 Avril 1911
à ARRAS

BIBLIOTHÈQUE

PROVENANT DE

M. Victor BARBIER

ET

COLLECTIONS

du Département du Pas-de-Calais

(DOUBLES)

Pays-Bas — Flandre — Artois — Picardie — Révolution dans le Pas-de-Calais — Arrondissements d'Arras, Béthune, Boulogne, Montreuil, Saint-Omer et Saint-Pol — Cartes et Plans — Vues cavalières — Portraits et Gravures, anciens et modernes — Lithographies — Reliures anciennes — Livres à Figures — Incunables.

ARRAS
IMPRIMERIE SCHOUTHEER FRÈRES
59, Rue des Trois-Visages, 59

1911

VILLE D'ARRAS

CATALOGUE

DES

LIVRES ET GRAVURES

Anciens et Modernes

PROVENANT DE LA

BIBLIOTHÈQUE VICTOR BARBIER

ET DES

Doubles des Collections départementales

VENTE AUX ENCHÈRES PUBLIQUES

du Lundi 3 au Samedi 8 Avril 1911

de dix heures à midi et de deux à six heures

par le Ministère du

PRÉFET DU PAS-DE-CALAIS

ou de son Délégué

Aux Archives départementales, Palais Saint-Vaast
où se distribue le Catalogue.

ARRAS
IMPRIMERIE SCHOUTHEER FRÈRES
59, Rue des Trois-Visages, 59

1911

ORDRE DE LA VENTE

Lundi 3	matin	Numéros	1 à 80.
	soir	—	81 à 204 et 1001 à 1147.
Mardi 4	matin	—	205 à 297.
	soir	—	297 à 463.
Mercredi 5	matin	—	464 à 544.
	soir	—	544 à 692 et 1148 à 1163.
Jeudi 6	matin	—	693 à 773.
	soir	—	773 à 876 et 1164 à 1232.
Vendredi 7	matin	—	876 à 959.
	soir	—	960 à 1100 et 1233 à 1278.
Samedi 8	matin	—	1279 à 1346.
	soir	—	1346 à 1439.

CONDITIONS DE LA VENTE

Elle aura lieu au comptant.

Les acquéreurs payeront 10 % en sus des enchères.

En cas de contestation sur une enchère, le lot sera remis immédiatement en vente.

Les livres devront être collationnés avant la vente ; une fois adjugés, ils ne pourront être l'objet d'aucune réclamation et ne seront repris pour aucune cause.

Les personnes qui ne pourront assister à la vente peuvent adresser leurs Commissions à MM. Champion, libraire, 5, Quai Malaquais, à Paris et à M. Gustave Leleu, 11, rue Neuve, à Lille.

Exposition publique : le Dimanche 2 Avril de 10 à 4 heures, et chaque jour de vente de 8 à 10 heures du matin, et de 1 à 2 heures.

Le Catalogue se distribue aux Archives Départementales, Palais Saint-Vaast ; à Paris, chez Champion ; à Lille, chez Gustave Leleu, libraires.

TABLE DES DIVISIONS

PAYS-BAS

Géographie - Histoire générale - Histoire religieuse
Biographie — Bibliographie

1. **Guicciardin** (Louis). Description de tous les Pays-Bas, édition revue et augmentée traduite de l'italien par de Belleforest. *Amsterdam, Cornille Nicolas*, MDCIX, f°, 483 p., tables, plans et cartes, relié.

2. **Les Délices des Pays-Bas** ou description géographique et historique des dix-sept provinces belges, 6e édition. *Liège, J.-F. Bassompierre*, 1769, 5 vol. in-12, nombr. pl. d'Harrewyn, rel. v. pl. sur nerfs, fers dorés, tr. rouge.

3. **Le Petit** (Jean-François). La Grande Chronique ancienne et moderne de Hollande, Zélande, Frise, Groningue, Over-Yssel, jusque 1600. *Dordrecht, Jacob Canin*, 1601, 2 vol. in-f°, reliés.

4. **Ferry de Locre.** Ferreoli Locrii Paulinatis chronicon belgicum ab anno 258 — 1600, tomi tres. *Atrebati, Guillaume de la Rivière*, 1616, in-4, relié.

5. **Le Mire** (Aubert). Rerum Belgicarum annales. *Bruxelles, Jean Pepermann*, 1624, in-12, 851 p., relié.

6. **Le Mire** (Aubert). Fasti Belgici et Burgundici. *Bruxelles, Jean Pepermann*, in-12, 1622, 755 p.

7. **Le Roux** (J.), roy d'armes de la province de Flandre. Recueil de la noblesse de Bourgogne, Limbourg, Luxembourg, Gueldres, Flandre, Artois, Haynaut, Hollande, Zeellande, Namur, Malines. (Annoblissements enregistrés, 1424-1714). *Lille*, MDCCXV, in-4, 408 p. et tables, relié.

8. **Le Vrai Supplément** aux deux volumes du Nobiliaire des Pays-Bas et de Bourgogne ; ou mélanges de généalogie et de chronologie, avec le blason des armoiries. *Louvain, J. Michel*, 1774, in-16, 287 p. avec table.

9. **Gazet.** Histoire ecclésiastique des Pays-Bas, contenant l'ordre et suite des évesques et archevesques de chacun diocèse. *Arras, G. de la Rivière*, 1612, in-8, 581 p. et table, relié.

10. **Gazet** (Guillaume). L'Histoire ecclésiastique des Pays-Bas, contenant l'ordre et suite de tous les évesques et archevesques de chacun diocèse; les fondations des églises, abbayes, etc., un ample récit des histoires miraculeuses, etc. *Valenciennes, Jean Verulíet*, 1614, in-8, 582 p. et tables.

11. **Acta Sanctorum** Belgii selecta, ed. Ghesquierre et de Smet (1775-1789), tomes II, III, IV et V (manque le tome I), in-4. *Bruxelles, Lemaire*, 1784, reliés.

12. **Castillion** (J.-B.-Louis de). Sacra Belgii chronologia métropolitains, églises, cathédrales, collégiales, jusque 1719). *Bruxelles, Jean Léonard*. 1719, in-12, 544 p., relié.

13. **Bucher** (Gilles), d'Arras. Belgium Romanum ecclesiasticum et civile. *Liège, Henri et Jean Mathias Hoviorum*, 1655, 2 vol. in-f°, reliés.

14. **Foppens.** Bibliotheca Belgica. A clariss. viris Valero Andrea, Auberto Miræo, Francisco Swertio, aliisque recensitos usque ad annum MDCLXXX. *Bruxelles, Pierre Foppens*, 1739, 2 vol. in-4, XXXI et 1233 p. avec portraits.

15. **Le Mire** (Aubert). Auberti Miræi cathedralis ecclesia Antverpiensis decani. Opera diplomatica et historica, edition revue par Fr. Foppens, bruxellensis cathedralis eccl. Brugensis canonicus. Lovani, Ægidii Denique, MDCCXXIII, 1 vol. gr. in-f°, relié.

16. **Jean-François Foppens.** Diplomatum Belgicorum nova collectio *supplément à Aubert Le Mire*. *Bruxelles, Pierre Foppens*, 1724-1748, f°, t. III-IV, 2 vol. reliés.

17. **Dumées.** Annales de Belgique ou des Pays-Bas (1477-1668). *Douai, Derbaix*, 1761, in-8, 502 p.

18. **Lestiboudois.** Botanographie Belgique ou méthode pour connaître facilement toutes les plantes qui croissent naturellement ou que l'on cultive communément dans les pro-

vinces septentrionales de la France, par le Sr François-Joseph Lestiboudois, fils, maître ès-arts. *Lille*, *J.-B. Henry*, 1782, in-12, XLVIII-334 p. avec planches.

FLANDRE

19. **Esmangart** (intendant de Flandre et d'Artois). Etat par ordre alphabétique des villes, bourgs, villages, et hameaux de la généralité de Flandres et d'Artois, des juridictions et cours souveraines dont ils relèvent, des diocèses dont ils dépendent avec une notice des Tribunaux, des principaux établissements, des paroisses, des couvents et des maisons de Force qui se trouvent dans chaque lieu, et des observations sur les différents objets qui peuvent en exiger. *Lille*, *Peterinck-Cramé*, 1787, gr. in-4, 181-36 p., relié.

20. **Lancien** (Armand). La Pierre milliaire de Tongres. La Voie Romaine de Cassel à Arras. *Lille*, *L. Danel*, 1899, in-8, 14 p.

21. **Histoire des Comtes de Flandre** depuis l'établissement de ses souverains, jusqu'à la paix générale de Ryswick, en 1697. *La Haye*, *Meyndert Uytwaf* et *Van Dole*, MDCXCVIII, in 18, 453 p. et tables (2 1res pages recopiées).

22. **Lebon**. Mémoire sur les forestiers de Flandre. Question proposée par la Société des Antiquaires de la Morinie, pour le concours de 1834, couronné à la séance du 15 déc. 1834, de la Société des Antiquaires de la Morinie.

23. **Bertin** (Jules) et **Vallée** (Georges). Etude sur les forestiers et l'établissement du comté héréditaire de Flandre, suivie de quelques documents sur les fêtes des forestiers de Bruges. *Arras*, *Sueur-Charruey*, 1876, in-8, 111 p.

24. **Le Glay**. Notice sur l'origine du Comté de Flandre. *Lille*, *Danel*, in-8, 8 p.

25. **Bentivoglio**. Histoire des guerres de Flandre, trad. par Loiseau. *Paris*, *Desaint*, 1769, 2 vol. in-12.

26. **Oudegherst** (P.). Annales de Flandre, enrichies de notes grammaticales, historiques et critiques et de plusieurs chartres et diplômes qui n'ont jamais été imprimés. Publiées par Lesbroussart, professeur de poésie au collège de Bruxelles. *Gand, de Goesin-Verbaeghe*, 1789, 2 vol. in-8, autre double, rel. bas, 2 vol. in-8, *s. d.*, même éditeur.

27. **Annales de Flandre** de P. d'Oudegherst, avec introduction, par M. Lesbroussart, professeur de poésie au collège de Bruxelles. *Gand, P. de Goesin*, 1789, 2 vol. gr. in-8, demi-rel. chagr.

28. **Le Boucq** (Pierre). Histoire des choses les plus remarquables advenues en Flandre, Hainaut, Artois et pays circonvoisins, depuis 1596 jusqu'à 1674, mise en lumière par le sieur Pierre Leboucq, gentilhomme Valentiennois ; publié avec une notice sur l'auteur et sa famille, par le chev. Amédée Le Boucq de Ternas. *Douai, Ve Céret-Carpentier*, MDCCCLVII, in-8, 374 p., avec 7 pl. héraldiques.

29. **Scheffer** (Arnold). Résumé de l'histoire de Flandre et d'Artois (Nord et Pas-de-Calais, Lys et Escaut). *Paris, Lecointe*, 1826, in-12, 284 p.

ARTOIS ET PAS-DE-CALAIS

Géographie — Description — Histoire générale

30. **Ragon et Fabre d'Olivet**. Précis de l'histoire de Flandre, d'Artois et de Picardie. *Paris. Hachette*, 1834, in-12, VIII-166 p.

31. **Henne**. Mémoires de Pontus-Payen (collections de mémoires relatifs à l'Histoire de Belgique). *Bruxelles*, 1861, in-8, 2 vol. (en un seul) relié.

32. **Collin de Plancy**. La chronique de Godefroy de Bouillon et du royaume de Jérusalem, avec l'histoire de Charles le Bon. 3e édition. *Paris*, 1848, in-8, 408 p.

33. **Duthillœul** (H. R.). Petites histoires des pays de Flandre et d'Artois. *Douai, Foucart*, 1835 ; in-8, 18 livraisons.

34. **Decroos** (P.), avocat. Histoire générale de la France du Nord (Flandre, Artois, Picardie), depuis les temps les plus reculés jusqu'en 1871. *Paris, Aubry*, 1874, in-8, 291 p.

35. **Brésin**. Chroniques de Flandre et d'Artois, par Louis Brésin. Analyse et extraits pour servir à l'histoire de ces provinces, de 1482 à 1560, par E. Mannier. *Paris, Dumoulin*, 1880, in-8, 334 p.

36. **Ardouin-Dumazet**. La France avant la Révolution. — Le Nord de la France (Flandre, Artois, Hainaut), en 1789. *Paris, M. Dreyfous*, 1889, in-8, 360 p.

37. **Coussemaker** (Ed. de). Troubles religieux du XVIe siècle dans la Flandre maritime. Documents originaux. *Bruges, de Zuttere*, 1836, in-4, 4 vol.

38. **Concilium** provinciale Cameracense in oppido Montis Hannoniæ habitum anno domini MD.LXXXVI. Joint : Canons et décrets du Concile de Cambrai. *Mons*, 1587. 70 p. Montibus Hannoniae. Carolus Michael ; MDLXXXVII. in-8, III-52-68 p.

39. **Le Glay**. De l'arsin et de l'abattis de maison dans le Nord de la France. Seconde édition, revue et augmentée. *Lille, Danel*, 1842, in-8, 35 p.

40. **Loisne**. Les Miniatures du cartulaire de Marchiennes. *Paris, Imprimerie Nationale*, 1904, in-8, 16 p.

41. **Dancoisne** (L.). Les Médailles religieuses de Merville. *Dunkerque, Paul Michel*, 1887, in-8, 11 p.

42. **Almanach** historique et géographique d'Artois, 1761. *Amiens, veuve Godart*, in-32, 202 p.

43. **Almanach** historique et géographique d'Artois, 1772, 1773, 1775, 1778, 1779, 1780, 1781. 1782, 1783, 1784, 1785, 1787, 1788, 1790, 1791, 1792. *Arras, Michel Nicolas*, 16 vol. in-32.

44. **Almanach** départemental du Pas-de-Calais, pour l'An X, par J.-B. Picquenard, secrétaire général. *Arras, Lemaistre*, in-32, 340 p.

45. **Almanach** départemental du Pas-de-Calais, pour l'An XI, par J.-B. Picquenard. *Arras, Galand*, in-32, 238 p.

46. **Annuaire** statistique du département du Pas-de-Calais, pour 1806, sous les auspices du préfet de la Chaise. *Arras, veuve Nicolas*, in-32, 153 p.

47. **Réponse** du citoyen Picquenard, aux observations faites par un anonyme sur l'Almanach de l'An X. *Arras, Lemaistre*, An X, in-8, 34 p.

48. **Annuaire** statistique et administratif du département du Pas-de-Calais, 1807 et 1810, 2 vol. reliés.

49. **Annuaire** statistique du Pas-de-Calais, par Leducq et Alexandre, chefs de Division à la Préfecture. Années : 1807, 1808, 1810, 1814, 1816 ; par Boutay, 1820, 1821, 1822, 1823, 1828 ; par Caffin, 1845-1849 ; par Parenty, 1852-1868 ; par Coffinier, 1869-1879 ; par Bruyant, 1850-1894 ; par Jacquerot, Delambre, jusque 1903. *Arras, Leclercq-Boutry*, etc., 55 vol. in-8.

50. **Parenty** (Auguste). Étude sur les Almanachs d'Artois. *Arras, Rousseau-Leroy*, 1860, in-8, 51 p.

51. **Denis** (C.), géographe. Le Conducteur français, contenant les routes desservies par les nouvelles diligences, messageries et autres voitures publiques, avec un détail historique et topographique des endroits où elles passent : même de ceux qu'on peut apercevoir, des notes curieuses, et avec cartes topographiques. — Route d'Arras à Saint-Omer et Calais. *Paris, Sorin*, 1777, in-8, 59 p. avec carte.

52. **Description** topographique et statistique de la France, département du Pas-de-Calais. *Paris*, 1810, in-4, 46 p., relié.

53. **Jouy** (E.). L'Hermite en province, suite de l'Hermite de la Chaussée-d'Antin, du Franc-Parleur et de l'Hermite de la Guiane. Tome IX. *Paris, Pillet*, 1826, in-8, 430 p.

54. **Labille**. Les bords de la mer, avec une carte du détroit du Pas-de-Calais. *Boulogne, Delahode*, in-12, 216 p.

55. **Ducoin-Girardin.** Lectures sur la Géographie à l'usage des écoles du département du Pas-de-Calais, avec des notes et développements. *Arras*, 1857, in-12, 324 p.

56. **Lefils** (Florentin). Recherches sur la configuration des côtes de la Morinie. *Paris*, 1859, in-8, XXV-63 p.

57. **Brayer** (F.). Petite Géographie physique et politique du Pas-de-Calais, à l'usage de l'enseignement primaire. *Arras*, *A. Tierny*, 1862, in-12, 128 p.

58. **Hédouin** (P.). Souvenirs du département du Pas-de-Calais, dédiés à la duchesse de Berry. In-folio relié.

59. **Cardevacque** (Ad. de). En wagon, d'Arras à Etaples. *Arras*. *Sueur-Charruey*, 1881, in-12, 128 p.

60. **Bergmans** (Paul). Dans le Nord de la France, par la Flandre, l'Artois et la Picardie. *Gand*, *Vyt*, 1902, in-12, 145 p.

61. **Malbrancq** (Jacobi). audomarensis, e soc. J. De Morinis et Morinorum rebus, sylvis, paludibus, oppidis. T. Ier. *Tournai*, *Adrien Quinque*, 1639, in-4, 798 p. et tables, avec cartes et plans gravés.

62. **Leglay**. Chronique d'Arras et de Cambrai, par Baldéric, chantre de Thérouanne au XIe siècle. *Paris*, *Levrault*, 1834, in-8, rel., v. t. d. n. r.

63. **Devic** (abbé). Étude sur les IIe et VIIIe Livres des Commentaires de César, pour servir à l'histoire des Bellovaques, des Ambianois et des Atrebates. *Arras*. *Rousseau-Leroy*, 1865, in-8, 113 p.

64. **Terninck**. Etudes sur l'Attrebatie avant le sixième siècle. Livraisons. I, II, et Tome IIe, avec planches. *Amiens*. *Lenoel*, in-8, 1886, et *Arras*, *Brissy*. 1874.

65. **Des Lyons** (baron). Dissertations sur le Pays des Atrebates, des Morins et sur le comté d'Artois, ancien et moderne, ou introduction aux mémoires pour servir à l'histoire de la province d'Artois. *Amsterdam*, aux dépens des Associés, 1778, in-12, 93 p.

66. **Des Lyons** (baron). Mémoires pour servir à l'histoire de la province d'Artois, jusqu'à l'établissement de la Monarchie française dans les Gaules, par M. le baron Des Lyons. *Amsterdam*, aux dépens des Associés, 1778, in-12, 96 p., rel.

67. **Harduin.** Mémoires pour servir à l'histoire de la province d'Artois et principalement de la ville d'Arras, pendant une partie du quinzième siècle, par Harduin, secr. de la Soc. litt. d'Arras. *Arras, Michel Nicolas*, 1763, in-16, 272 p. et tables, rel., chiffre baron Dard.

68. **Chronique** d'Artois, par François Bauduin, d'Arras Pièces inédites en prose et en vers, concernant l'histoire d'Artois et autres ouvrages inédits, publiés par l'Académie d'Arras. *Arras, A. Courtin*, 1856, in-8, XVIII-200 p.

69. **Bultel** 2e président du Cons. d'Artois). Notice de l'état ancien et moderne de la province et comté d'Artois, par M***. Historique de l'Artois, comtes, gouverneurs, bailliages, évêché, abbayes, couvents, etc., conseil, élection et états d'Artois ; états militaires, noblesse, villes principales, etc., etc. *Paris, Guillaume Desprez*, 1748, in-12, VIII-535 p., avec tableaux, suite et chronol.

70. **Devienne** (Dom). Histoire d'Artois, jusqu'à Hugues Capet. S. l., 1784-1787, 2 vol. in-8, 181-204-191 et 178-293 p.

71. **Hennebert** (chanoine de Saint-Omer). Histoire générale de la province d'Artois, dédiée à Monseigneur le Comte d'Artois. *Lille, veuve Henry*, 1786 ; *Lemmens*, 1788 ; *Saint-Omer, Boubers*, 1789, 3 vol. in-8.

72. **Histoire** générale de la province d'Artois, 1785, in-8, 62 p.

73. **Morand** (François). Du sentiment national de la province d'Artois, sous la domination française. Programme de question historique. *Paris, Dumoulin*, 1873, in-8, 16 p.

74. **Piers** (H.). Entreprises de Henri IV sur l'Artois. *St-Omer, Vanelsland* (*s. d.*), in-8, 16 p.

75. **Richard** (Jules-Marie). Instructions données aux commissaires chargés de lever la rançon du roi Jean (1360). Ext. bib. Ecole des Chartes, t. XXXVI. *Nogent-le-Rotrou, Gouverneur*, in-8, 10 p.

76. **Lecesne.** Notice sur Comius, chef des Atrebates. *Arras, Courtin*, in-8, 32 p.

77. **Van Drival.** La Frégate l'Artois. Lettres inédites de l'abbé de Bétancourt. *Arras, Courtin*, 1876, in-8, 80 p.

78. **Le Livre** du très chevalereux Comte d'Artois et de sa femme, fille au Comte de Boulogne. *Paris, Techener*, 1837, in-4, 206 p., rel. amat., t. d. n. r., gravures.

79. **Richard** (J.-M.). Une petite Nièce de saint Louis. Mahaut, Comtesse d'Artois et de Bourgogne (1302-1329). Etude sur la vie privée, les arts et l'industrie en Artois, et à Paris, au commencement du XIVe siècle, par Jules-Marie Richard, ancien archiviste du Pas-de-Calais. *Paris, Champion*, 1887, in-8, XIII-456 p.

80. (**Delpierre** de Neuveéglise ancien officier de cavalerie. Le Patriote artésien, dédié à Monseigneur le Comte d'Artois. *Paris, Despilly*, 1760, in-8. XVI-341 p. avec vignettes, taille-douce de *Cor.*

81. **Bonnelle.** Le Jardinier d'Artois ou les éléments des jardins potagers et fruitiers. *Arras, Michel Nicolas*, in-8, 1766.

82. **D'Héricourt.** Noms des villages et hameaux, d'Artois, ravagés pendant la guerre de 1537 à 1544, d'après deux enquêtes faites à Arras par les élus de la province. *Arras, de Sède*, 1877, in-f°, 19 p.

83. **Calonne** (A. de). La Vie municipale dans le Nord de la France. *Paris, Didier*, in-8, 336 p.

84. **Harbaville.** Mémorial historique et archéologique du département du Pas-de-Calais. *Arras, Topino*, 1842. 2 vol. in-8, 386-370, 13 et 12 p., pl.

85. **Dictionnaire** historique et archéologique du Pas-de-Calais, publié par la Commission départementale des Monuments historiques. [Notices par MM. Lecesne, Coffinier, Terninck, de Cardevacque, Van-Drival, Cavrois-Lantoine, d'Héricourt, Dramart, Dancoisne, Robert, Parenty, de Calonne, Deschamps de Pas, Dard, de Monnecove, Dr Ledru, de Hauteclocque, etc.] *Arras, Sueur-Charruey*, 1873-1884, 15 vol. gr. in-8, rel.

86. **Hautecloque** (Cte Gustave de). Le Pas-de-Calais sous l'administration préfectorale du baron de la Chaise (1803-1815). *Arras, Rohard-Courtin*, 1901, in-8, 538 p.

87. **Les Cent Jours** et la seconde Restauration dans le Pas-de-Calais (1815-1830), par le Comte G. de Hauteclocque, t. Ier. *Arras, Rohard-Courtin*, in-8.

88. **Le Pas-de-Calais** au XIXe siècle. Notices rédigées à la demande du Conseil général pour servir à l'histoire de ce département pendant le XIXe siècle. *Arras, Répessé, Bouvry, Guyot*, 1900, 4 vol. in-8, avec pl.

89. **Roussel (E)**. Campagne de 1870-1871. L'affaire de Longpré (Somme), 28 décembre 1870. Topographie. Avant-postes d'Abbeville. 4e bataillon des mobiles du Pas-de-Calais. *Arras, Brissy*, 1870, in-12, 164 p.

90. **Faidherbe** (général de division). Campagne de l'armée du Nord, 1870-1871, avec une carte de notes et des pièces justificatives, dédié à Gambetta. *Paris, Dentu*, in-8, 135 p.

91. **Cardevacque** (Ad. de). Histoire de l'invasion allemande dans le Pas-de-Calais, suivie d'une notice historique sur les bataillons et les batteries d'artillerie de la Garde Nationale mobile et sur les légions de la Garde Nationale mobilisée de ce département. *Arras, de Sède*, 1872, in-8, 297 p.

92. **Livois** (baron de). Le premier bataillon de la Garde Nationale mobile du Pas-de-Calais pendant 1870-1871. *Arras*, 1871, in-8, 71 p.

93. **Notice artésienne** sur le Voyage du Roi ou Dix Jours à Saint-Omer et dans le département du Pas-de-Calais. *Saint-Omer, Chanvin*, 1827, in-8, 64 p.

94. **Sède** (baron de). Voyage de LL. MM. l'Empereur et l'Impératrice dans le Nord de la France. Arras. Lille, Dunkerque, Roubaix, Tourcoing, Amiens. *Arras, Tierny*, 1867, in-8, 87 p.

95. **Bertol-Graivil et Boyer.** Voyage de M. Carnot, président de la République, dans le Pas-de-Calais. *Paris, P. Boyer*, 1889, in-4, 85 p. avec nombr. gravures.

96. **Mémoire** sur quelques fossiles d'Artois, pour servir à l'histoire naturelle de cette province, 1765, 104 p.

97. **Bonnelle.** Le Jardinier d'Artois où les éléments de la culture des jardins potagers et fruitiers, par le F. C. Bonnelle, religieux de l'Ordre des Chanoines Réguliers de la Ste-Trinité. *Arras, Michel Nicolas*, édition de 1766, in-12, X-276 p.

98. **Linguet.** Mémoire sur un objet intéressant pour la province d'Artois, particulièrement pour les habitants de la ville d'Hesdin et tous les riverains de la Canche (canalisation de la Canche), par Linguet. *Abbeville, de Vérité*, 1765, in-12, et Saint-Omer, H. F. Boubers, 49 p.

99. **Billet.** Rapport sur le projet du canal d'Arras à Boulogne. *Arras, Degeorge*, août 1835, 36 p. — Règlement de police de la Lawe, de la Scarpe, du canal de Neuffossé. *Arras, Tierny.*

100. **Département** du Pas-de-Calais. Rapport sur le service vicinal de l'agent voyer en chef (1851-1868), par M. Cavrois. *Arras, E. Lefranc*, 1851-1854, in-4, 2 vol. rel. et br.

101. **Mémorial administratif** du Pas-de-Calais. Années 1808-1809, n°s 1 à 86. *Arras, Bocquet*, 2 vol. en 1, rel. maroq.

102. **Lamy** (J.-F.). Manuel Métrique du département du Pas-de-Calais, ex-libris Cardevacque. *Arras, Deprèz*, 1803, in-8, 264 p., imp. Gayant.

103. **Larzillière.** Manuel des poids et mesures du Pas-de-Calais. *Arras, Gorilliot*, 1839, in-8, 124 p.

104. **Mines et Carrières :** Les Houillères du Pas-de-Calais ou la vie du Mineur, par Jourdan de Seulle ; — mines de Béthune, concession de Grenay ; — les Sociétés houillères, par Viltart ; — les Calcaires du Pas-de-Calais, par Pagnoul. *Arras-Lille*, 1862-1892, 4 broch.

105. **Houillères.** Notice sur diverses recherches de houille dans le Pas-de-Calais et notamment à Monchy-le-Preux, par de Bonnart, 1806, in-32. — Consultation par MM. de Gargan, Morel, Topino, etc., contre Lecomte, Lalou, etc. Garantie de la Société des mines de Béthune. Impr. de Bossange, 1810, et Paris, 1859, 2 br. in-8 et in-4.

106. **Cavrois.** Les Sociétés houillères du Nord et du Pas-de-Calais. Etude historique et juridique. *Arras, Société du Pas-de-Calais*, 1896, in-8, 411 p.

107. **Garnier.** Mémoires sur les questions proposées par la Société d'Agriculture du Commerce et des Arts. de Boulogne-sur-Mer, concernant les recherches entreprises à différentes époques dans le département du Pas-de-Calais, pour y découvrir de nouvelles mines de houille. *Boulogne, Leroy*, 1828, in-4, 101 p. avec planches.

108. **Vuillemin.** Le Bassin houiller du Pas-de-Calais. Histoire de la recherche de la découverte et de l'expédition de la houille. Tomes I, II. III. *Lille, Danel*, 1880-1884, in-8, 3 vol. avec planches.

109. **Lozé** (Ed.). La Grève de 1891 dans les bassins houillers du Nord et du Pas-de-Calais. *Arras*, 1891, 108 p. in-8.

Histoire religieuse — Assistance publique

110. **Gazet** (Guillaume). L'Ordre des Evêques d'Arras depuis la séparation de l'Evêché de Cambrai avec le catalogue des saints du diocèce; sainte Manne, sainte Chandelle. *Arras. Gilles Baudhyn*, 1598, in-32, 104 p.

111. **Lettres pastorales** de Mgr l'évêque d'Arras (Gui de Sève de Rochechouart), touchant l'administration du Sacrement de Pénitence. *Arras, Pierre Jollet*, 1678, in-8, rel.

112. **Recueil** des règlements et ordonnances du diocèse d'Arras. *Arras, Duchamp*, in-16, rel.

113. **Principes de conduite,** ordonnances et statuts du diocèse d'Arras, impr. *Arras, veuve Nicolas*, 1806, in-8, 353 p.

114. **Principes de conduite**, ordonnances et statuts du diocèse d'Arras, impr. par ordre de Monseigneur l'Evêque d'Arras. Nouvelle édition revue et augmentée avec des notes importantes à la fin. *Arras, veuve Bocquet*, 1825, in-18, 348 p.

115. **Règlements** ecclésiastiques. Statuts du Diocèse d'Arras. *Arras, Brissy*, 1854, in-12, rel. v. pl. fil. tr. d.

116. **Règlements** ecclésiastiques et statuts du diocèse d'Arras, publiés par Mgr Désiré-Joseph Dennel. *Arras, Société du Pas-de-Calais*, 1889, in-8, 246 p.

117. **Destombes** (M. l'abbé C.-J.). La tradition des églises de Cambrai et d'Arras. — Annales des églises d'Arras, Térouanne, Berck et Saint-Omer. — Conférences ecclésiastiques d'Arras, par Vitel. 3 br. in-8, et in-4. *Arras, Rousseau et Théry*, 1861-1865, et s. l. n. d.

118. **Condette.** Explication du catéch. du dioc. d'Arras. — Le clergé du diocèse pendant la Révolution, par Deramecourt, t. Ier. *Arras*, 2 vol. in-12 et in-8.

119. **Robitaille.** Coup d'œil sur la prédication de l'Evangile dans la Gaule-Belgique et la Grande-Bretagne. *Lille*, 1862, 1 br. in-12.

120. **Deramecourt** (l'abbé A.). Le Clergé du diocèse d'Arras, Boulogne et Saint-Omer, pendant la Révolution (1789-1802). *Arras. Société du Pas-de-Calais*, 1884 1886, 4 vol. in-8 avec cartes, demi-rel., maroq. non rog., papier v.

121. **Les Annales** de Saint-Bertin et de Saint-Vaast, publ. par l'archiviste Dehaisnes. *Paris, Renouard*, 1881, in-8, vergé.

122. **Manuale parochorum** du diocèse d'Arras, sur l'ordre de l'évêque Herman Ortemberg. (*Douai, Gérard-Patte*, 1644). *Tournai*, ex officina Adriani Quinque M.DC.XLIV, 341 p. et index.

123. **Rituale** ad usum diœcesis Atrebatensia, auctor. ill. ac. rever. DD. Joannis de Bonneguise, ep. Atrebat. editum. *Arras, Michel Nicolas*, 1757, in-4, rel. v.

124. **Paroissial** complet du diocèse d'Arras, en latin. *Arras, veuve Nicolas*, 1809, in-12.

125. **Ordo** administrandi sacramenta ad usum præsertim missionariorum hujusce diœcesis. *Béthune, Van Costenoble*, 1800, in-12, 126 p.

126. **Officium** defuncti ad usum diœcesis atrebatensis. *Arras, veuve Bocquet*, 1816, in-4, rel.

127. **Breviarium** atrebatense jussu illustrissimi ac reverendissimi in Christo Patris D. D. Hugonis Roberti Joannis Caroli de La Tour d'Auvergne Lauraguais, vulgatum. *Lutetiæ Parisiorum*, 1834, en 4 vol.

128. **Duverger** (Arthur). La Vauderie dans les Etats de Philippe le Bon. *Arras*, Moullé, 1885, in-8, 131 pages.

129. **Richard** (Jules-Marie). Cartulaire de l'hôpital Saint-Jean-en-l'Estrée d'Arras, publié avec d'autres documents et une étude sur le régime intérieur de cette maison et des hôpitaux d'Hesdin et de Gosnay. *Paris*, *Champion*, 1888, in-8, 154 p.

130. **Carlier** (Eugène). Les Enfants assistés dans le Pas-de-Calais avant et pendant le XIXe siècle. *Arras*, *Ed. Bouvry*, 1900, in-8, 265 p.

Instruction publique
Littérature — Dialectes — Revues — Presse

131. **Exercices publics** de l'Ecole secondaire dirigée par M. Fauchison, 1808-1811. — Société pour l'instruction primaire du département du Pas-de-Calais. — Rapports de l'Inspecteur d'Académie, 1850-1854. *Arras*, *Saint-Pol*, 10 br. in-4 et in-8.

132. **Collèges d'Artois.** Requête au Roi, pour les officiers des bailliages d'Artois contre les officiers municipaux au sujet de l'administration des Colleges ; — id. pour les Etats, les Evêques et les bailliages d'Artois, contre les officiers municipaux des villes, pour le même objet ; — id. pour le Tiers-Etat contre les Evêques et les bailliages et contre les deux Ordres de la noblesse et du clergé. *Paris*, *Lambert*, 1764, 3 br. in-4. 69, 39 et 113 p.

133. **Collèges d'Artois.** Edits, arrêts, lettres-patentes, confirmation de celui d'Arras ; suppression de celui d'Aire ; collège wallon de Saint-Omer ; collèges d'Hesdin et de Dunkerque, 1765-1777. *Arras*, *Nicolas*, *Delasablonnière* ; *Paris*, *Simon*, 8 pièces, in-4.

134. **L'Enseignement** dans le Pas-de-Calais jusqu'en 1806,

par le comte de Hauteclocque. *Arras, Rohard-Courtin*, 1894, in-8, 519 p.

135. **Mémoire** sur les Séminaires et Collèges anglais, fondés à la fin du XVIe siècle dans le Nord de la France, par l'abbé C. J. Destombes. — Extension universitaire à Arras, Douai, Hazebrouck, en 1899-1900. *Cambrai, Lille*, 2 broch.

136. **Dinaux** (Arthur). Les Trouvères Artésiens. *Paris, Techener*, et *Valenciennes, bureau des Archives du Nord*, 1893, in-8, VII-483 p., rel. chagr., non rog.

137. **Guesnon** (A.). La Satire à Arras au XIIIe siècle. *Paris, E. Bouillon*, 1900, in-18, 118 p.

138. **Guesnon** (A.). Une édition allemande des Chansons d'Adam de la Halle, le Trouvère Artésien. *Paris, Bouillon*, 1901, in-8, 16 p.

139. **Guesnon** (A.). Une édition allemande du trouvère Andrieu le Contredit d'Arras. *Paris, E. Bouillon*, 1903, in-8, 7 p.

140. **Potez** (Henri). Jean Bodel et le Jeu de saint Nicolas. *Abbeville, Cab. hist*, 1893, in-8, 23 p.

141. **Weckerlin.** Ci commence le jeu de Robin et de Marion, qu'Adam fit. — Premier essai d'Opéra comique, par Adam de la Halle, 1275, publié avec un accompagnement de piano. *Paris, Durand*, in-8, 16 p.

142. **Langlois** (Ernest). Le Jeu de Robin et de Marion, par Adam le Bossu, trouvère Artésien du XIIIe siècle. *Paris, Fontemoing*, in-8, 154 p.

143. **Commémoration** d'Adam de La Halle. *Lille, Revue du Nord*, 1896, in-8, 72 p.

144. **S'ensuyvent** VIII belles chansons nouvelles. *Réimpression goth.*, in-12, pap. vergé.

145. **Le Glay**. Recherches sur les premiers actes publics rédigés en français. Seconde édition. *Lille, L. Danel*, 1837, in-8, 24 p.

146. **Loisne** (A. de). Anciennes chartes inédites en langue vulgaire, reposant en original aux archives du Pas-de-Calais. *Paris, Imprimerie Nationale*, 1900, in-8, 16 p.

147. **Le Patois Artésien** et les chansons de la fête d'Arras, par Victor Advielle. — Observ. sur le patois Artésien, par Lecesne, 2 broch. in-8.

148. **Nemo et Omnibus.** Arras-Revue, pochade en deux actes et quatre tableaux. Paroles de Nemo, d'Arras, musique d'Omnibus (par Barbier et Vaillant). Mi aussi, j'veux être gymnaste ! *Arras, Répessé-Crépel* et *Bohard-Courtin*, 1884 et 1905, 2 br. in-8.

149. **Advielle**. Le Théâtre à Arras et à Lille en 1683. Les représentations de Dancourt. *Paris, Librairie Tresse*, 1893, in-8.

150. **Edmont** (Ed.). Noms propres Saint-Polois (Saint-Pol, ville faubourgs et banlieue). *Neufchâtel, Attinger*, 1890, in-8, 81 p.

151. **Edmont** (Ed.). Quatre légendes du pays de Saint-Pol, en vers patois. — Traduction patoise de l'Enfant Prodigue. *Mâcon, Saint-Pol*, 2 br. in-8.

152. **Edmont** (Ed.). Lexique Saint-Polois, avec plan, carte et figures. *Macon, Protat*, 1897, in-8, 634 p.

153. **Legrand** (Albert). Réjouissances des écoliers de Notre-Dame, de Saint-Omer, le jour de saint Nicolas, leur glorieux patron (6 décembre 1417). *St-Omer, Chauvin*, 1847, in-8, 42 p.

154. **Le Puits Artésien**. Revue du Pas-de-Calais, 1837-1842. *Saint-Pol, imprimerie A. Thomas*, 1837-1842, 6 vol. in-8, gravures (rare), rel. bas. Autre exemplaire 1837-1841, 5 vol. in-8, rel. v. dos orné.

155. **Affiches**, annonces, nouvelles et avis divers pour la province d'Artois, le Boulonnais et le Calaisis, 1re année, 1re partie, 1788-89 ; 2e année. 1re partie 1889-90, **rarissime**. *Arras, au Bureau des Feuilles d'Artois*, rue du Petit-Chaudron, 2 vol. in-8.

156. **Presse et affaires politiques.** Procès du Propagateur, acquitté par la Cour d'Assises de Saint-Omer, contenant la défense du citoyen Degeorge et la plaidoirie de Me Ledru. — Cour d'Assises de Saint-Omer ; — affaires du Propagateur ; — Procès de l'*Écho du Nord et du Libéral* aux Assises de Douai ; — Procès du charivari donné à M. de Talleyrand,

préfet.— Deuxième banquet réformiste du Pas-de-Calais. — Revue départementale nos 132 et 181, etc. *Impressions locales Degeorge, Tierny, Souquet*, etc., 1827-1847, 8 pièces.

157. **Archives** historiques et littéraires du Nord de la France et du Midi de la Belgique. Année 1837. *Valenciennes*, 1837, in-8, 550 p., grav.

158. **Demont.** *L'Abeille de la Ternoise*, journal de Saint-Pol et de son arrondissement, depuis sa fondation en 1827, monographie. *Saint-Pol*, 1903, in-8, 18 p.

Coutumes — Usages locaux — Juridictions

159. **Coustumes** générales du comté d'Artois avec celles de l'échevinage d'Arras, des bailliages de Saint-Omer, Béthune, Aire, Lens, Bapaume, Hesdin ; comté de Saint-Pol, du païs de Lalleu et du bailliage de Lillers. *Arras*, 1679, in-16, 736 p.

160. **Brunel** (T.), avocat. Projez proposez pour la réformation des Coutumes d'Artois. *Douay, J.-F. Willerval*, 1735, in-8, LXXVIII-366 p.

161. **Maillart.** Coutumes générales d'Artois, avec des notes, par M. Adrien Maillart, avocat en Parlement ; seconde édition, revue et augmentée par l'auteur. *Paris, Jean Debure*, MDCCXXXIX, in-f° XI-1031 p. et tables.

161 bis. *Idem.* Première édition. *Paris, Gosselin et Quilleau*, 1704, gr. in-4, 1016 pages.

162. **Code** des coutumes homologuées de la province d'Artois, sçavoir : cout. générales, de Ham, du païs de Langle, ville et échevinage de Béthune, gouvernance dudit Béthune ; bailliage d'Hesdin, Labroye, Wail, Boubers-sur-Canche, Fillièvres, Le Biez, Haravesnes et Vaulx, du comté de Saint-Pol (et des divers bailliages). *Arras, veuve Duchamp, vers* 1750.

163. **Roussel de Bouret.** Coutumes générales d'Artois, dédiées au Comte d'Artois, 2 vol. in-18. *Paris, Chenault*, 1771, rel. v.

164. **Etude historique** sur les droits d'aubaine, par le baron de Sède.—Recherches sur le droit coutumier de l'Artois, par Le Gentil. *Arras-Paris*, 2 br. in-8.

165. **Lecesne.** Exposé de la Législation coutumière de l'Artois. *Paris, Durand*, 1869, in-8, 617 p.

166. **Charpentier** (E.). Coutume du paiement des censives dues à l'Hôtel de Ville de Montreuil. *Abbeville*, 1890, 23 p.

167. **Biens communaux**. Les Biens communaux par Lodieu, de Plouvain. — Biens communaux, jouissance de portions ménagères.— Les Biens communaux dans le Pas-de-Calais, par Aug. Parenty. Recherche des usages locaux du canton de Calais, par Leroy. *Béthune, Arras, Saint-Pierre-lez-Calais*, 1850-1880. 4 br. in-8.

168. **Le Gentil** (Ch.). Examen et solution de quatre des principales questions soulevées par les législations des portions communales. — Traité historique, théorique et pratique de la législation des portions communales et ménagères. *Paris, Durand*, 1854-1857, 2 vol. in-8.

169. **Plouvain**. Notes historiques relatives aux offices et aux officiers du Conseil provincial d'Artois. *Douai, Wagrez*, 1823, in-4, 140 p.

170. **Très humbles** et très respectueuses supplications présentées au Roi, par son Conseil provincial d'Artois, du 8 juin 1788. In-12, *s. l.*, 17 p.

171. **Lys** (P.-J. de), commis sermenté au Conseil d'Artois. Instruction de la Procédure criminelle contenant le modèle de toutes sortes de devis et procès-verbaux conformément à l'ordonnance du mois d'août 1670. *Arras, L.-F. Barbier, libraire, Grande-Place*, 1736, in-12, relié, 299 p. et tables.

172. **Tarif des droits,** salaires et vacations des Procureurs du Conseil provincial d'Artois, du 8 août 1697. *Arras, César Duchamp*, 1704, in-4.

173. **Conseil d'Artois**. Organisation, suppression ; création du Conseil supérieur d'Arras, suppression ; rétablissement du Conseil d'Artois, etc. *Arras-Paris*, 1771-1774, 20 p. in-4.

174. **Conseil d'Artois.** Jurid., etc. *Arras-Paris*. 1661-1708, 3 p. in-4.

175. **Conseil d'Artois.** Juridiction, souveraine en matière criminelle (affaire Degouve, procureur de la ville d'Arras). *Paris*, 1761, 2 p. in-4.

176. **Conseil d'Artois.** Conflit avec les Etats d'Artois. *Paris, Desprez*, 1749, in-4.

177. **Conseil d'Artois.** Officiers, offices, notaires, procureurs, avocats, bourreaux. *Arras-Paris*, 1709-1788, 7 p. in-f° et in-4.

178. **Id.** Procès criminels, prisons. *Arras, G. Delasablonnière*, 1770-1790, 48 p. in-4.

179. **Id.** Municipalités. *Arras, Nicolas*, 1764-73, 3 p. in-f° et in-4.

180. **Id.** Règlements pour l'extinction de la mendicité. *Arras*, 1693-1783, 4 p. in-f° et in-4.

181. **Id.** Règlement concernant les réparations des Chemins. *Arras, M. Nicolas*, 1760, in-4.

182. **Id.** Epizooties. Interdiction d'entrée des bêtes à cornes; fermeture des foires et marchés; condamnation contre des bouchers. *Arras, M. Nicolas*, 1770-1773, 9 p. in-4.

183. **Id.** Brasseries. Règlement. *Arras*, 1733-1765, 2 p. in-4.

184. **Id.** Marais, terres incultes, défrichement, desséchement. *Arras*, 1687-1767, 3 p. in-f° et in-4.

185. **Artois.** Agriculture. Règlements du Conseil d'Artois : moissons, coutres de charrues; échenillage, pies et corneilles, 1710-1777. *Arras, impressions locales*, 6 p. in-f° et in-4.

186. **Id.** Affaires ecclésiastiques. Rentes seigneuriales, bénéfices; écrit anonyme sur la constitution *Unigenitus*; maisons presbytérales et écoles. *Arras*, 1710-1757, 5 p. in-4.

187. **Id.** Divers : Cas royaux; don gratuit; successions; fruits et récoltes; offices royaux, etc. *Arras*, 1676-1778; 15 p. in-f°.

188. **Abbayes.** Elections (1740), 2 p. Abonnement (1701), 1 p.

189. **Amortissements.** Francs, fiefs, rentes sur les Etats, maisons de charité (1723-1788), 10 pièces.

190. **Arts et métiers.** Brevets ou lettres de privilège, 1772.

191. **Assemblées** à la main (1720-1779), 45 pièces in-4.

192. **Assemblées** de communauté (1772), 1 pièce.

193. **Assiettes.** Règlement (1707-1756), 5 pièces.

194. **Cadastre** (1767-1771), 4 pièces.

195. **Capitation** (1747-1778), 7 pièces.

196. **Carrières** et extractions de grès (1772-1787), 3 pièces.

197. **Centièmes.** Etablissement, exécution, redressement des cahiers, collecteurs, cueilloirs, projet de répartition, mandements, remises des comptes (1569-1789), 51 pièces.

198. **Charbon** de terre (1778), 1 pièce.

199. **Chasse.** Règlements (1762-1780), 6 pièces.

200. **Chemins et Chaussées**, alignements, chemins d'Arras à Doullens, grès, sables, emprunts, chemins de traverse, de communication et d'encouragement, plantis, chemins des rues et villages (1703-1788), 30 pièces.

201. **Chevaux** (1771), 1 pièce.

202. **Collecteurs.** Règlement (1767-1778), 2 pièces.

203. **Collèges.** Administration (1764), 1 pièce.

204. **Committimus.** Evocations (1674-1742), 10 pièces.

205. **Comptabilité** des Etats (1751-1763), 3 pièces.

206. **Pièces** concernant la manière dont le Concile de Trente a été reçu en Artois. Lettres de Marguerite, duchesse de Parme (1564), 1 pièce, 19 pages, in-f°.

207. **Contrôle** des actes d'abonnement (1781), 1 pièce.

208. **Contrôle** des actes des notaires (1727-1781), 10 pièces.

209. **Conseil provincial** d'Artois (XVIIIe siècle), 3 Mémoires.

210. **Corporations.** Edit royal (1750), 1 pièce.

211. **Coutumes** d'Artois (1722-1775), 4 pièces.

212. **Décimes.** Extension des bénéfices (1758), 1 pièce.

213. **Dixième denier.** Abonnement (1734-1741), 2 pièces.

214. **Listes** des députés du Clergé 1749-1758; du Tiers-Etat 1759; de la noblesse 1759-1762 (1749-1762), 9 pièces.

215. **Don gratuit** des Villes, prolongation des droits, forme de perception, arrêt d'abonnement (1768-1781, 5 pièces.

216. **Eaux et Forêts,** réduction des maîtrises, officiers tenant labours soumis aux convois (1706-1769), 5 pièces.

217. **Echanges,** droits (1698-1701), 2 pièces.

218. **Ecole** de dessin d'Arras (1770), 1 pièce.

219. **Ecoles** royales militaires. Mémoire instructif sur les moyens d'entrée (1776), 1 pièce.

220. **Eglises paroissiales.** Arrêt du Parlement qui règle le droit des curés dans l'administration des revenus paroissiaux en Artois (1740), 1 pièce.

221. **Emprunt** de 600.000 francs par les Etats d'Artois (1708).

222. **Enclaves** du Cambrésis, de la Picardie et du Boulonnais (1684-1784), 15 pièces.

223. **Epidémies.** Mémoires, méthodes curatives (1750) 3 pièces.

224. **Epizooties.** Mémoires sur les maladies, ordonnances, remèdes à employer (1745-1776), 28 pièces.

225. **Etalons** et **Juments** poulinières (1767-1774). 7 pièces.

226. **Etats d'Artois.** Cahier des points présentés au Roi (1579-1661), 3 pièces.

227. **Fermes.** Bêtes vives, casernes militaires, huile. — Canal de jonctions de la Lys à l'Aa. — Ferme du Gibet. — Deniers privilégiés (1671-1765), 14 pièces.

228. **Fermes.** Impôts, vins, bières, eaux-de-vie. — Règlement pour la jauge des vins (1727). — Empotement des bières. — Représentations des Etats sur l'arrêt du 6 septembre 1757. — Abonnement défendu aux cabaretiers. — Camp de Saint-Omer, ordonnance sur les boissons (1727-1788), 31 pièces.

229. **Fortifications.** Rentes pour les terrains (1732-1767), 6 p.

230. **Fermiers généraux.** Mémoire, emprunts de passage, saisies (1743-1784), 5 pièces.

231. **Fourrages.** Règlements, indemnités (1699-1785) 10 pièces.

232. **Garde** de moissons, grêle et pertes (1773-1788), 4 pièces.

233. **Grains.** Règlements, grains niellés (1709-1783), 4 pièces.

234. **Imprimeries.** Supplique de Michel Nicolas, 1 pièce.

235. **Impôts.** Fraudeurs, pouvoirs, exemptions (1698-1788), 32 p.

236. **Manufactures.** Droit de transit, toiles, baptistes, linons, serges, laines (1688-1783), 11 pièces.

237. **Marais.** Triage, usages et communaux, défrichement, pâturage et tourbage, démarcation, partage, contribution des communautés, biens communaux (1699-1783), 31 pièces.

238. **Maréchaussée** des Etats. Règlements (1753-1769), 3 pièces.

239. **Marine.** Frégate l'Artois (1779), 4 pièces.

240. **Mendicité** (1663-1773), 6 pièces.

241. **Mesures**, dimensions (1784), 2 pièces.

242. **Milices**, rég! provincial d'Artois, levées (1751-1789, 21 p.

243. **Moulins** (1777-1788), 3 pièces.

244. **Octrois.** 2 sols pour livre des octrois, arrêt d'abonnement, nouveaux sols pour livre (1771-1781), 5 pièces.

245. **Offices.** Charges personnelles, jurés priseurs, offices de police, offices municipaux (1694-1783), 9 pièces.

246. **Pauvres** (1778), 2 pièces.

247. **Pays** de Lallœu (1717-1731), 2 pièces.

248. **Péage** de Bapaume (1677-1705), 5 pièces.

249. **Poudres** et salpêtres. Fraudes (1757), 1 pièce.

250. **Privilèges** des Etats, de la ville d'Arras (1662-1704), 4 p.

251. **Receveurs**, deniers, scellés apposés (1744-1786), 3 pièces.

252. **Régale.** Mémoire contre les pourvus de régale, 1 pièce.

253. **Rentes** héréditaires au profit des Etats (1780-1782), 3 pièces.

254. **Rentes** des Etats (1741-1773), 9 pièces.

255. **Rivières et canaux**. Règlements de navigation, curage : Scarpe, Lawe, Clarence, Ternoise, Canal de la Lys à l'Aa. Nave, Escrebieux, etc. (1716-1786), 39 pièces.

256. **Sages-Femmes** instruites aux dépens des Etats (1772), 1 p.

257. **Sel et tabac.** Impôts, règlements, saisies (1662-1781), 21 p.

258. **Soupes** économiques et riz, préparation (1789), 2 pièces.

259. **Sucres.** Nuyts raffineur à Saint-Omer (1778), 1 pièce.

260. **Tabac.** Arrêt contre Tribert et Le Turcq (1723-1735), 3 p.

261. **Traites** foraines. Bureaux (1701-1711), 3 pièces.

262. **Troupes**, voitures, chevaux à fournir. Transports des convalescents, passages (1730-1772), 6 pièces.

263. **Ventes** de meubles (1774), 1 pièce.

265. **Vingtièmes.** Abonnements (1749-1784), 27 pièces.

265.. **Guesnon** La trésorerie des chartes d'Artois avant la conquête française de 1640. *Paris, Imp. Nat.*, 1896, in-8, 47 p.

266. **Filon** (François). Histoire des Etats d'Artois depuis leur origine jusqu'à leur suppression en 1789. *Paris, Durand*, 1861, 1 vol., 123 p.

267. **Van Drival.** La Frégate l'Artois, lettres inédites de M. l'abbé D. de Betancourt, annotées par M. Van Drival. *Arras, Courtin*, 1876, in-8, 80 p.

268. **Recueil** des avis et arrêtés, pris par les trois ordres des Etats d'Artois, au 29 décembre 1788, précédé d'une liste des Membres de chaque ordre. *S. l.*, 1789, in-4, 74 p.

269. **Arrêté de la Noblesse d'Artois**, convoquée aux Etats de 1788. (Du 6 janv. 1789 sur réclamation de la Noblesse non convoquée aux Etats). *S. l. n. d.*, in-4, 3 p.

270. **Loriquet.** Cahiers de doléances de 1789, dans le département du Pas-de-Calais. *Arras,* 1891, 2 vol. in-8.

271. **Observations** sur l'arrêté pris le 6 janv. 1789, par MM. de la Noblesse d'Artois, convoqués à l'Assemblée des États de ladite Province pour l'année 1788, in-4, *s. l. n. d.*

Noblesse — Généalogies — Héraldique

272. **Sources du Nobiliaire** de l'Artois, par Cavrois. *Saint-Amand (Cher)*, 1894, in-8.

273. **Armorial** d'Artois et de Picardie (1696-1710), par Borel d'Hauterive. *Paris*, 1866, gr. in-8, planches.

274. **Cousin** (Louis). Notice historique sur les anciens seigneurs de Capple. *Dunkerque*, in-8, 1857, 48 p.

275. **La Famille** Le Carlier et le P. Ignace, capucin [d'Arras, auteur de nombreux manuscrits sur l'histoire locale]. Notes par M. Laroche, *Arras, Courtin*, 1876, in-8.

276. **Hauteclocque** (Comte Gust. de). Le Maréchal de Lévis, gouverneur général de l'Artois (1765-1787). *Arras, Rohard-Courtin*, 1901, in-8, 480 p.

277. **Cardevacque** (Adolphe de). Notice historique et généalogique, sur la famille de Cardevacque (branche aînée) avec ses alliances. *Arras, Répessé*, 1893, gr. in-4, portr.

278. **Linas** (de). Translation des restes de Charles le Téméraire, de Nancy à Luxembourg, *Nancy*, 1855, in-8, 64 p. — Renvoi de l'ordre de France de saint Michel, par Charles-Quint. *Valenciennes*, 1855, 46 p. — Note sur la Vie d'Antoine de Beaulaincourt, roi d'armes de la Toison d'Or. *Saint-Omer*, 1854, 15 p., 3 broch.

279. **Cardevacque** (Adolphe de). Dictionnaire Biographique du département du Pas-de-Calais. *Arras, Sueur-Charruey*, 1879, in-4, 532 p., relié.

280. **Cardevacque** (Adolphe de). Dictionnaire Parlementaire du département du Pas-de-Calais, par un bibliophile artésien. *Arras, imprimerie Moderne*, 1896, in-12, 163 p.

281. **Cardevacque** (Adolphe de). Les Députés du Pas-de-Calais à la Convention. *Abbeville, Cabinet historique*, 1896, in-8, 76 p.

282. **Armorial** des villes, des abbayes, des compagnies, des corps et communautés des provinces qui ont formé le Pas-de-Calais. *Arras, Planque*, 1872, in-8, 57 p.

Archéologie — Sigillographie — Numismatique Noms de lieux.

283. **Terninck.** Considérations sur les âges dits ante-historiques. — Promenades archéol. sur la chaussée Brunehaut. — Promenades archéol. sur la chaussée romaine d'Arras à Lens, et recherches sur les communes et monuments qui l'avoisinent. *Arras*, 1842-1860, 3 br. in-8 et in-4, planches.

284. **Exposition** rétrosp. des Arts et Monum. du Pas-de-Calais à Arras en 1896. Rapports et documents. *Arras*, 1897, in-8.

285. **Notice** sur un Evangéliaire manuscrit de la bibliothèque de Lille. — Rapport sur les anciens vêtements sacerdotaux et les anciens tissus, adressé à M. le ministre de l'Instruction publique, par de Linas. *Paris*, 1857, 2 br. in-8, pl.

286. **Anciens vêtements** sacerd. et anciens tissus conservés en France, par Ch. de Linas, en trois séries. *Paris, Didron*, 1860-1863, 3 vol. gr. in-8, nombr. pl. dess. par l'auteur. lith. par Robaut-Desavary, planches coloriées à la main. Rare.

287. **Linas** (Charles de). Orfèvrerie Mérovingienne. — Les œuvres de saint Eloi et la verroterie cloisonnée (bijoux des musées d'Arras, Saint-Omer, etc.). *Paris, Didron*, 1864, in-8, 131 p., pl. dessinées par l'auteur, lithogr. par Desavary. Rare.

288. **Linas** (de). Notice sur les cinq anc. étoffes, tirées de la collection Liénard à Verdun. — Causeries iconogr. à propos de quelques œuvres d'art du musée du Louvre. *Paris*, 1865-1881, 2 br. in-8, pl.

289. **Les Crucifix** champlevés polychromes, en plate peinture et les croix émaillées (coll. Deusy, Van Drival, Louvre, etc).

— Ivoires et émaux (coll. Harbaville, etc.), par Ch. de Linas. (Extrait de la Revue de l'Art Chrétien). *Bruges, Lille, Desclée*, 1885-1886, 2 br. in-4, pl. lith. et chromol.

290. **Deschamps de Pas.** Sceaux des Comtes d'Artois. (Extrait des Annales archéolog. de Didron. *Paris, Didron*, 1857, in-4, dessins de l'auteur, gravés par Varin.

291. **Demay,** arch. aux Arch. nat. — Inventaire des sceaux de l'Artois et de la Picardie, avec catal. des pierres gravées et pl. photoglyptiques. *Paris, Impr. Nat.*, 1877, in-4.

292. **Hermand** (Alex.). Histoire monétaire de la province d'Artois et des seigneuries qui en dépendaient. Béthune, Fauquembergues, Boulogne, Saint-Pol et Calais. *Saint-Omer, Chanvin*, 1843, in-8, 548 p. avec planches, rel. v. non rogné.

293. **Catalogue raisonné** des monnaies du Comté d'Artois, faisant partie du cabinet monétaire de A. Devismes. *Saint-Omer, Fleury-Lemaire*, 1866, in-8, 399 p. avec pl.

294. **Dancoisne** (L.). Les Médailles religieuses du Pas-de-Calais. *Arras, Courtin*, 1880, in-8, 300 p., 39 pl.

295. **Vente** de monnaies franç. et prov. (Artois, Cambrai, Lille, etc.), de la coll. de J.-H. Tarlier. *Blois*, 1846, in-8, 46 p.

296. **Loisne.** Les formes orig. des noms de lieux du P.-de-C. et leurs formes officielles. *Paris, Impr. Nat.*, 1901, 31 p.

297. **Ricouart.** Etudes pour servir à l'histoire et à l'interprétation des noms de lieux, arrondissements de Béthune, Saint-Pol et Montreuil. *Anzin, Ricouart*, 1893-1903, 3 fasc. in-4.

PICARDIE

298. **Archives** historiques et ecclés. de la Picardie et de l'Artois, par Roger. *Amiens, Duval*, 1842, 1 vol. relié veau.

299. **Bibliothèque** historique, monumentale, ecclésiastique et littéraire de la Picardie et de l'Artois, par Roger. *Amiens, Duval*, 1844, in-8, 368 p.

300. **Procès-verbal** des séances de l'Assemblée provinciale de Picardie tenue à Amiens en nov. et déc. 1787. *Amiens*, *Caron*, 1788, in-4, 335 p. et tables.

301. **Bibliographie** de la Picardie ou catalogue raisonné des ouvrages relatifs à la géographie et à l'hist. de cette province, par E. Dramart. *Paris*, *Dumoulin*, 1881, in-8.

302. **Histoire** du comté de Ponthieu, de Montreuil et d'Abbeville, avec la notice de leurs hommes dignes de mémoire. *Abbeville*, *De Vérité*, 1767, 2 vol. in-8, 305 et 367 p., rel.

303. **Henry**. Essai historique, topographique et statistique de l'arrondissement communal de Boulogne-sur-Mer. *Boulogne*, 1810, in-4, 347 p., avec cartes, plans et dessins, relié.

304. **L'Etat** ancien du Boulonnais, par de la Gorgue-Rosny. *Boulogne*, *Le Roy*, 1873, gr. in-8, rel. v., n. rogné.

305. **Grancourt**, par Leroy. *Albert*, 1897, in-16, 111 p.

306. **Cardevacque** (A. de). Le canton d'Acheux (département de la Somme). *Amiens*, *Delattre-Lenoel*, 1883, in-8, 390 p.

307. **Vaillant**. A propos d'un saumon de plomb antique trouvé à Saint-Valéry-sur-Somme. *Boulogne*, *Simonneau*, 1888, in-8.

308. **Haigneré**. Le Patois boulonnais comparé avec les patois du nord de la France ; introduction, phonologie, grammaire. *Paris*, *Picard*, 1901, in-8, 531 p.

309. **Haigneré**. Observations sur le petit vocabulaire à l'usage des gens de la campagne. — Lettre à M. Camille Le Roy par l'abbé Haigneré. *Boulogne*, *Camille Le Roy*, in-8, 39 p.

310. **Peigné-Delacourt**. Recherches sur divers lieux du pays des Silvanectes. — Etudes sur les anciens chemins de cette contrée, gaulois, romains, gaulois romanisés et mérovingiens. *Amiens*, *Lemer*, 1864, in-8, 112 p.

RÉVOLUTION

États généraux — Circonscriptions — Département — Élections — Politique — Sociétés — Affaires militaires — Instruction publique — Culte — Tribunaux.

311. **Etats-Généraux.** Règlements faits par le Roi, 19 février 1789 et 12 mars ; — Loi (19 novembre 1790) relative à l'octroi sur les eaux-de-vie de l'Artois ; — Projets de doléances pour la prov. d'Artois par un gentilh. artésien, mars 1789 Éclaircissements sur les prétentions du Tiers-État d'Artois. 5 pièces in-4.

312. **Paris.** La jeunesse de Robespierre et la convocation des États-Gén. en Artois. *Arras, Vve Rousseau-Leroy,* 1870, gr. in-8 vergé, 417-CXIV p., portr., demi-rel.. non rogné. Rare.

313. **États-Généraux.** Aux députés de la province d'Artois à l'ass. des Trois Ordres du 20 avril 1789, pétition en faveur des laboureurs artésiens, par Lair de Vaucelles, député de la paroisse de Saulty ; — liste des députés du Tiers-État à l'ass. du bailliage d'Arras du 30 mars 1789 ; — lettre d'un membre des États d'Artois à l'auteur du résultat des Ass. prov. ; — extrait des arrêtés pris à l'Ass. nat. du 4 août 1789 ; — lettre du Roi pour la convocation des Ét.-Gén., 27 avril 1789 ; — procès-verbal à l'ass. de la prov. d'Artois, 20 avril 1789 ; — cahier des pouvoirs que l'ordre de la Noblesse donne aux députés aux Ét.-Gén. ; — réponse d'un citoyen de Saint-Omer à la lettre d'un étranger ; — vœu des habitants d'Arras au Roi et à la Nation. 10 pièces.

314. **Circonscription territoriale.** Dép. d'Artois, Boulonnais et Calaisis. — Fixation du chef-lieu, débats entre Arras et Saint-Omer : Lettre du sieur D..., fermier du village de G..., district de Saint-Pol, au sieur T..., fermier du district d'Hesdin. — Réflexions relatives au chef-lieu, par Billion, F. Dubois et Lenglet. — Observations sur la démarcation du dép. du P.-de-C. (par Delattre et Caron-Senlecq). —

Les municipaux, habitants et communes d'Auxi-le-Château, dép. de la Somme, à la Conv., par Quillet. *Arras-Paris*, 1790-an VIII, 9 p. in-4 et in-8.

315. **Compte** de l'adm. du district d'Arras pour 1790 et 1791. *Arras, Leducq*, 1 vol. in-4, 467 p.

316. **L'administration** renouvelée du dép. du P.-de-C. à la Conv. nat. (5 vend. an III ; — Compte de gestion de l'adm. centr. du dép. du P.-de-C., 7 brumaire an IV-15 floréal an V ; — compte de gestion, idem, pour les années V et VI ; — liste des adm. du dép. nommés dans l'ass. électorale d'Aire. In-4, 4 pièces, 3, 78, 140 p.

317. **Arrêté** du Directoire, 26 juin 1792 ; — Roland aux corps administratifs. — Décret du 31 août 1793. — Instruction sur la culture de la pomme de terre.— Liste des admin. du dép., des 8 districts et de leurs directoires. Arrêtés du dép. du 1er fructidor an V, 19 nivose an VIII. — Le district d'Arras aux communes.— Assemblée du district d'Arras, 7 novembre 1791 ; — de Calais, 19 prairial an II ; — agent national du district de Saint-Omer. 11 pièces.

321. **Élections.** Liste par ordre alphabétique des districts de MM. les électeurs du dép. du Pas de-Calais assemblés à Aire le 30 juin 1790. — Projet d'un mode de voter dans les ass. él., août 1792. — Adresses : à l'Ass. nat. par l'ass. des électeurs du dép. du P.-de-C. ; — de l'assemblée primaire des ville et canton d'Arras à l'Ass. nat. (24 juin 1791). — Discours par Charles-Alex.-Balt.-Fr. de Paul Baërt, après sa proclamation comme membre de la 1re législature, dans l'ass. élect. du dép. du P.-de-C. (31 août 1791. — A mes concitoyens assemblés pour l'élection des off. munic. — Administrateurs du dép. élus à Aire. — Bulletin des élections, nos 3, 4. *Saint-Omer-Arras*, 1790-1791, 10 p. in-4 et in-8.

318. **Arras.** Nos 1-24. Adresses : de la commune et de la garde nat. d'Arras à l'Ass. nat. (Fédération) ; — du Conseil général de la commune d'Arras à l'Ass. nat. ; — aux concitoyens de la ville d'Arras. « Les députés... ne sont donc ni ne peuvent être ses représentants... ». — du peuple d'Arras au peuple de Paris ; — des sections réunies d'Arras à la Conv. nat.

(9 juillet 1793) ; — du peuple d'Arras, réuni en ass. gén. des six sections, à la Conv. nat. ; — des sect. réunies de la ville d'Arras à la Conv. nat. — Délibérations et proclamations sur les troubles, 9 thermidor ; sur l'ivrognerie, etc. — Procès-verbal de la séance des six sections réunies d'Arras le 27 brum. an II. — Le peuple d'Arras à tous les cit. du dép. du P.-de-C., à tous les citoyens de la R. F., à tous les peuples de l'univers. — La comm^e d'Arras à la Conv. nat. — Les républic. d'Arras à la Conv. nat. — Les cit. d'Arras réunis en ass. gén. à la Conv. nationale. — Les républic. d'Arras à la Conv. nationale. « Nous ne voulons rien ajouter... » (29 fruct. an II). — Les habitants de la comm^e d'Arras à la Conv. nat. « Ils se sont jettés dans votre sein... ». — Les républic. d'Arras à la Conv. nat. (chûte de Lebon). — Aux mânes de l'innocence. — Les jeunes gens d'Arras à leurs concitoyens (Anniv. du 9 therm.). — Les citoyens d'Arras soussignés au Directoire exécutif (Turlure, complice de Lebon). — Discours prononcé par le président de l'admin. munic. d'Arras, le 26 mess. an VII de la Rép., à la fête commém. du 14 juillet 1789. *Arras-Paris*, 1790, an VII, 47 p. in-4 et in-8.

319. **Calais.** Observ. des cit. de Calais sur les abus de la franchise de Dunkerque (port franc). La commune de St-Omer à ses concitoyens sur la fête du 10 août ; — adresse des 5 sections réunies de la commune de St-Omer à la Convention ; — délib. de la commune de St-Omer (23 avril 1790). 5 pièces.

320. **A mes concitoyens** (Arras, 25 oct. 1790); — contribution foncière (Arras, 9 fév. 1791) ; — proclamation de la munic. d'Arras (15 avril 1790, 21 avril 1792, 22 juillet 1791, 17 brum. an IV, 25 floréal an II, 23 vendémiaire an VI. 9 pièces.

321. **Société populaire de Béthune**. Adresse de la commune et de la soc. pop. à la Convention. — Dernier coup porté aux hommes de sang. « Lebon assis sur des cercueils... » — Cris des hab. de Béthune et de ses environs opprimés par J. Lebon et Duquesnoy. *Béthune-Paris*, an III, 3 p. in-8. — Suppl. au travail de la commiss. établie à Béth. par le repr. Berlier (signalement des complices de Lebon). *Béthune*, *Van Costenoble*, an III, in-8, 163 p. et tableau.

322. **Politique.** Au peuple de l'Artois, par un habitant de la province (mars 1789). — Le Réveil de l'Artois. — A la nation artésienne, etc. (attrib. à Guffroy). — Adresse aux citoyens de la ville d'Arras. *S. l.*, 1790, 4 p. in-8.

323. **A la nation artésienne** sur la nécessité de réformer les Etats d'Artois. *S. l. n. d.*, in-8, 83 p.

324. **Le réveil de l'Artois** ou réflex. sur les droits et intérêts des Artésiens et autres hab. des prov. belgico-françoises. *S. l. n. d.*, in-8, 48 p.

325. **Société des amis de la Constitution établie à Arras**. Avis sur la vente des biens nat. — Réflex. sur l'extens. à donner au commerce (1790), par Piéron, nég. en dentelles. — Id. sur le paiement des impôts (1791). — Discours par M. de Fosseux, Herman, Aug. Robespierre. *Arras, Marchand, Vicogne, Delasablonnière, Leducq*, 1790-1792, 6 p. in-8 et in-4.

326. **Idem.** Adresses : aux hab. d'Arras sur les grains, sur la fuite du Roi, à l'Ass. nat., rédigée par J. Lebon, « anathème, tant à la Rép. qu'aux deux Chambres... », sur le culte constitut., sur la vente des biens nat. *Arras, Vicogne*, etc. 6 p. in-8 et in-4. — **Société des amis de la République.** Projet de réponse à l'adresse de la Conv. nat. au peuple fr. présenté par F. Dubois. — Adresse à la Convention. *Arras-Paris*, 1793, 3 pièces in-4 et in-8. — **Société républicaine d'Arras.** Adresse à la Convention (sur la Const. de 1793). — Règlement de la société (1793). — Procès-verb. de la séance du 1er brum. an II (Publicola dép. de Dunkerque). — Rapport fait à la soc. républ. sur le rappel de 200 membres. *Arras, Leducq, Associés*, 1793, an II, 4 p. in-8 et in-4.

327. **Société pop. d'Arras régénérée.** Adresses : aux soc. pop. du Nord, du P.-de-C. et de la Somme ; — à la Convention (liberté de la presse, dénonc. contre O. Barère) ; — discours et hommage de 500 ex. par Poirier, de Dunkerque. *Arras, Leducq*, etc., 1793, an II, 3 p. in-8 et in-4. — **Société pop. de Bapaume.** Adresse aux représentants (félicit. sur le 9 therm.). *Bapaume, Danel et Héancre*, in-4, 7 p.

328. **Société populaire de Saint-Omer.** Considér. sur la circul. des grains ; — renversement du tyran, discours de Libo-

rel en présence de Berlier (éloge de Carnot, Jadot, Piers, etc). — Dernier coup porté aux hommes de sang. Lebon assis sur des cercueils. La Société populaire à ses concitoyens. *Paris, Guffroy.* — La Soc. popul. de St-Pol à la Convention (sur la liberté de la presse, l'attentat contre Tallien). *St-Omer* (*Fertel, Gougeon*). *Paris, Guffroy*, an II, in-8 et in-4, 6 pièces.

329. **Fêtes patriotiques à Arras.** Fête civique du 14 juillet ; serment fédératif et admiss. des cit. de 18 ans comme défenseurs ; — fête patriot. de la plant. de l'arbre de la liberté ; — fête fun. en l'honneur de M. Lepelletier ; lettre de Félix Lepelletier au dép. ; — discours du maire à la fête du 10 août 1793 ; — fête du nouv. calendrier ; — les jeunes gens à leurs concit. ; — discours du maire à la fête des sans-culotides ; — sur les horreurs commises le lendemain de la fête du 10 août ; — etc. *Arras, Leducq, Vicogne, Associés, Gorillot, Boutry, Galand*, 1790, an VII, 13 p. in-4 et in-8.

330. **Affaires militaires à Arras.** « Les Vaillants d'Arras » offrent de monter la garde ; — Adresse de la garde bourg. d'Arras à l'Ass. nat. ; — Fédération des gardes nat. du P.-d.-C. et de la Somme ; — discours du comte de Castéja, command^t en Artois, et de l'évêque après le serment fédératif ; — Adresse des volont. d'Arras à leurs frères de Paris ; — Lettre d'Ant. Dubois, chef du 3e bat. (combats de Nantes) ; — Adresse des chefs et s.-chefs de l'atelier d'armes. — Gillet, chef de brigade, détenu à St-Vaast. *Arras, Nicolas, Delasablonnière, Leducq*, 1790-an IV, 9 p. in-4 et in-8.

331. **Instruction publique.** Dissert. sur le bureau typog. par le cit. Sartiau ; — Bureau typogr. du cit. Lambert ; — Ecole interméd. Prospect. d'Éducation, par Bouleau ; — École de chirurgie, discours d'ouvert. par Ant. Laroche ; — Ecole centr. de Boulogne, inauguration (cortège et discours). *Arras, Gorillot, Boutry, Varlé, Galand*, an V-VI, 5 p. in-8.

332. **Culte. Evêques, curés. etc.** Réflex. sur le proj. de vente des biens ecclés. ; — Du dom. nat. ou rép. à l'abbé Sieyès sur les biens ecclés., par Lenglet. — Pétit. à l'Ass. nat. touch. les biens des églises et fab. dans l'Artois... — Accord de la foi cath. avec les décrets de l'Ass. nat. sur la const. civile du

clergé, par M. Daunou ; — Mémoire pour les concess. de l'égl. N.-D., ci-dev. cath. — Chevalier. Dénonciat. civique.... (contre les adm. ; enlèvement du Calvaire). — Observ. sur les dîmes et port. congrues. — Commendes et pens. des abb. et chap. d'Arras, en rép. à l'ordre de faire cesser l'office publ. — Déclar. et ord. de l'évêque de Conzié. — Lettres et disc. de l'év. Porion. — Avis aux curés et lettre de Béhin député, Herbet vic. de St-Aubert, etc. *Arras-St-Omer-Tournai*, 1789, an VIII, 17 p. in-4 et in-8.

333. **Lettre pastorale** de Porion, évêque du dép. du Pas-de-Calais (*St-Omer, Fertel*, 1791). — Discours prononcé par Duflos, curé de St-Pol, le 24 juillet 1791, jour de son installation. — Dénonciation civique par Chevalier (24 germinal an VII). 3 pièces in-8 et in-4.

334. **Discours** de M. Duflos, curé de Saint-Pol, 24 juillet 1791. — Examen de ce discours par l'abbé Proyart. — Instruction de Conzié, évêque d'Arras, avec sa signature autographe. *Arras-Paris-Tournai*, 1791, 3 br. in-12.

335. **Déclaration** de Mgr l'Evêque d'Arras et instruction adressée aux curés, vicaires de son diocèse, qui n'ont pas prêté le serment. *Tournay, R. Varlé* (1791), in-8, 25 p. Instruction pastorale de Mgr l'Evêque de Boulogne, sur l'autorité spirituelle. 24 octobre 1790, in-8, 48 p.

336. **Tribunaux criminel et de commerce.** Création, règlement, liste des jurés de jugement ; destitution de Hacot et Asselin, président et accusateur public. *Arras, Vicogne et Leducq*, 1791-1792, 3 p. in-4 et in-8.

Hommes politiques et autres.

337. **Opinion** de M. Baert, député du Pas-de-Calais, sur la liberté des cultes, prononcée à l'Assemblée Nationale, 21 octobre 1791. *Paris, Imprimerie Nationale*, in-8.

338. **Barbet.** L'Ami de la Constitution Rép. ou le thermomètre de l'opinion publique et du commerce. Journal rédigé par Barbet (5 pluv. an III). *Arras, Imprimerie-Associés*, in-8.

339. **L'Ombre** de Camille-Desmoulins, ou mon opinion sur le gouvernement révolutionnaire. *Arras, Associés*, in-12, 26 p.

340. **Marquis de Beauffort**. Consid. sur les droits et les intérêts des hab. de l'Artois dans la circ. prés. *S. l.*, 1790, in-8.

341. **Beaumetz** [Briois de]. Projet sur l'organ. du Trésor public et sur la simplif. des moyens d'acquitter les intérêts de la dette constituée. *Paris, Impr. Nat.*, 1790, in-12, 62 p.

342. **Rapport** sur la réforme provisoire de l'ordonnance criminelle. *Paris, Baudouin*, in-8, 20 p.

343. **Projet** de décret pour audition de tous comptes à rendre jusqu'au 1er janvier 1791. *Paris, Impr. Nat.*, in-8, 12 p.

344. **Mémoire** pour le citoyen Alexandre Braine, contre le nommé Duverger (dénonc.). *Arras, Nicolas*, an IV, in-8.

345. **Buissart**. Ma réponse à l'ingratitude et à la mauvaise foi. (Soc. pop. d'Arras, 10 ventôse. *Arras, Associés*, an III, in-8.

346. **Caffin**. L'Ami de la Vérité et de la Patrie à ses concitoyens. *Arras, Varlé*, in-8, 21 p.

347. [**Carnot**]. Éloge du maréchal de Vauban, par un officier au corps royal de génie, 1790, in-8, 59 p.

348. **Réclamation** du citoyen Corne, homme de loi à Arras, contre l'arrêté du 4 fruct. an VII (fraude dans le partage des biens d'émigrés). *Arras, Veuve Nicolas*, in-8, 16 p.

349. **Crachet**. Appel aux principes ou première lettre de Robert C., dép. aux Cinq Cents (15 therm. an VI). *Paris*, in-12, 32 p.

350. **Crachet** (Robert). Appel aux principes ou deuxième lettre de R. Crachet sur le 22 floréal. *Paris*, an VII, in-12, 52 p.

351. **Antonelle**. Quelques observ. qui peuvent servir d'appendice à la lettre de Robert Crachet. *S. l.*, in-12, 18 p.

352. **Daçarcq**. Petit recueil de vers français et de vers latins, frappés depuis et pour notre révolution philosophique. *Saint-Omer, Fertel*, an VII, in-12, 28 p.

353. **Opinion** de Dauchez, député au Conseil des Cinq Cents, sur la liberté des cultes. *Paris, Baudouin*, in-12, 10 p.

354. **Dauchez**. Rapport fait au nom d'une Comm. spéc. aux Cinq Cents, 6 mess. an V. *Paris, Impr. Nat.*, an V, in-12, 7 p.

355. **Réflexions** relatives aux droits que les veufs ou veuves et enfans des condamnés à mort,... peuvent faire valoir. *Paris, de l'imprimerie de Guffroy*, 10 p. in-8.

356. **Daunou**. Considération sur le procès de Louis XVI. — Opinion sur le jugement de Louis Capet. — Complément de l'opinion sur l'affaire du ci-devant Roi. — Motion d'ordre sur le travail de la Const. — Discours de la Constitution. — Remarques, rapports, essai sur la Const. — Discours par le citoyen Daunou, président de la Conv.— Les douze représentants (Daunou) du peuple détenus à Port-Libre, à leurs collègues. — Discours sur l'anniversaire du 18 fructidor, an VI. *Paris-Angers, Impr. Nat.*, 1792-an VI, 12 Br. in-8.

357. **Addition** au Mémoire pour le citoyen Deladerrière, accusé [contre Gamot] et lettre de Gamot. *Arras, Imprimerie des Associés*, an VI, in-4, 17 pages.

358. **Demuliez**, accus. pub. du dép. du P.-de-C. à l'op. publ., sur la dénonciation formée contre lui... par plusieurs individus de la commune de Boulogne. — Demuliez à ses concitoyens. *Arras, Impr. des Associés*, 2 p. in-4, et in-8.

359. **Deusy**. Opinion de M. Deusy, député du dép. du Pas-de-Calais, concernant la suppression des droits féodaux, fixes et casuels, 12 juin 1792. *Imprimerie Nationale*, in-8, 26 p.

360. **Dubois de Fosseux** (Ferdinand). Discours prononcé par M. Dubois de Fosseux, maire d'Arras, au moment de la prestation de serment du corps municipal. — Idem, en remettant au Conseil général de la commune d'Arras, ses titres de féodalité. — Idem président de l'Assemblée électorale du dép. (après sa nomination comme administrateur du dép.). — Idem, (autre à la clôture de l'Ass. électorale). — Idem, (à la nomination de Me Liborel, comme adm. du District. — Idem, en remettant le drapeau tricolore à Antoine Dubois son fils, commandant le 3e bataillon du district d'Arras. *Arras-Saint-Omer* [1790]-1793, 7 pièces in-4 et in-8.

361. **Conversation** entre deux citoyens de campagne recueillie par F. Dubois, présid. de l'administration du dépt du P.-de-C. (en patois). *Arras, Leducq*, in-4, 18 pages.

362. **Dubois** (Ant.). Discours de F. Dubois, en remettant le drapeau tricolore à Ant. Dubois son fils, commandant le 3e bataillon. — Lettre d'Ant. Dubois, chef du 3e bataillon d'Arras, au Cons. gén. de cette commune (affaire de Carquefou, etc.). *Arras, Leducq*, 1793-1794. 2 pièces in-4.

363. **Duquesnoy** à ses concit. d'Arras et de Béthune. (16 fruct. an II), Rapp. à la Convention nat. (exposé de ses missions aux Armées). — Réponse d'Ern. D. dép. à la Convention, aux dénonciat. faites contre lui par Guffroy et le cit. Delelisse, cult. du distr. de Béthune, 77 p. *Paris*, ans. II-III, 3 p. in-12.

364. **Delelis** (cult. à Gonnehem). Adresse à la Conv. [contre Duquesnoy, etc.]. *Béth., Vancostenoble*, an III, in-8, 28 p.

365. **Réponse** d'Ern. Duquesnoy, dép. à la Convention nat., aux dénonc. faites contre lui, par son coll. Guffroy et le cit. Delelisse, cult. du distr. de Béthune. — *De l'Imprimerie républicaine, rue Neuve des Mathurins, sect. des Piques*, no 856, in-12 (la dernière page manuscrite). 77 p.

366. **Opinion** du cit. Enlart, dép. du dép. du P. de C., sur le jugement de Louis XVI. *Imprimerie Nationale*, in-12, 7 p.

367. **François** (Louis-Fr.) député du P.-de-C. — Un petit mot à M. Torné, évêque de Bourges, sur sa tolérance. *Impr. Nat.*, in-12, 4 p. — François, dir. de la Poste aux chevaux. Projet de finance, assignats à démonétiser sans... perte. *Arras, Associés*, in-12, 7 p.

368. **Ifsocran** [François] homme de la campagne. Le Réverbère de la lanterne mag. ou mes adieux aux cit. Dauchez et Corne, nouv. élus à la représ. du Peuple fr. *Associés*, in-8, 23 p.

369. **Mém.** justif. pour le cit. Gillet, chef de brig. au Corps du génie en arrest. à St-Vaast, à Arras. *Arras, Leducq*, in-4.

370. [**Guffroy**]. La ressource de l'Artois [plaidoyer pour les privil. de l'Artois et contre le mode de convoc. des bailliages). *S. l.* (1789), in-12, 24 p.

371. **Guffroy**, dép., offrande à la nation (sur la nationalis. des biens du clergé). *Paris, Desray*, 1789, in-16, 32 p.

372. **Guffroy**. Le tocsin sur la permanence de la garde nat., sur l'organis. des municip. *Id.*, 1789, 124 p., cart.

373. **Guffroy**, juge de paix. Le juge de paix aux cit. franç. de la ville d'Arras. *Arras, Delasablonnière*, 1791, in-4, 4 p.

374. **Guffroy**. Le Franc en vedette ou le porte-voix de la vérité sur le tocsin. *Paris*, fév. 1790, in-12, 35 p.

375. **Guffroy** (A.-B.-Jh.). Discours à la Convention nat., sur ce que la Nation doit faire du ci-devant Roi ; — sur la punition de Louis Capet ; — contre le sursis à l'arrêt de mort du tyran. *Imprimerie nationale*, 1793, 3 p. in-8.

376. **Guffroy**. Censure républicaine ou lettre de G. aux habitans d'Arras (contre J. Lebon). *Paris, Rougiff*, in-12, 82 p.

377. **Les secrets de J. Lebon**, et de ses complices (2e censure républ.) ou lettre de G. à la Conv. (av. 60 pièces justif.) an III. *Paris, imp. Guffroy*, in-8, 474 et 134 p., rel. parch.

378. **Copie** de la lettre de G., écrite de Paris le 29 therm. an II, à ses concit. d'Arras (chute de Lebon, Lebas, Robesp., etc.). — Soufflet à l'imposture par la presse libre (contre Babeuf, 2 pièces.

379. — autre, au Comité de sûreté gén., contre le même. — Guffroy à ses concitoyens « François, je suis rayé de la liste des jacobins ». *Arras-Paris*, an II-III, 2 p. in-4 et in-8.

380. **Discours** prononcé par le c. Hacot, maire d'Arras, le 20 sept. 1793, sur la tombe du citoyen Pinet (de Roye, 15 ans, soldat au 104e d'infanterie. *Arras, C. Varlé* (1793), in-8.

381. **(Harduin)** fils. A mes concitoyens (accusé d'accaparement). *Arras. Delasablonnière* (1789), in-4.

382. **Herbet**. Discours sur la liberté et la répression des abus de la presse. *Saint-Omer, Goujeon*, an VII, in-12, 22 p.

383. **Discours** adressé par M. Herman, prés. de la Soc. des amis de la Const. à M. de Fosseux, maire d'Arras. Mai 1790. — Mém. justif. pour le cit. H., commis. des adm. civiles (accusé d'être complice de Robesp.). Therm. an II, 2 p. in-8, 36 p.

Joseph Lebon.

384. **Joseph Lebon** à ses frères les sans-culottes (*Arras, 26 août* 1792). — **Au nom du Peuple Français,** Lebon, représ. du peuple (public. d'un vaudeville républ. sur « l'inutilité des prêtres » par C. Piis. *Arras, Associés*, 2 p. in-4 et in-12.

385. **Barère.** Rapp. fait au Com. de salut pub., sur les pétit. faites à raison des opérat. de J. Lebon. *Imp. Nat.*, in-4, 4 p.

386. **Joseph Lebon** à la Convention Nationale (13 lettres avec suppléments). *Paris, Imp. Nat.*, in-8, an III.

387. **Plaintes contre Lebon.** Beugniet, prés. : Demuliez, accusateur public et Leblond, juré du trib. révol. d'Arras..... aux Comités de salut public et de sûreté gén. *Paris, Rougiff*, an II, in-4. — **Louis Beugnet, Boistel, Blanchet.** Vengeance de J. Lebon, représ. du peuple. — **La cit. Dubois,** veuve de *J.-B. Brazier*, notaire ; la c^{nne} Bossu, Victoire Hidou, veuve Bossu, dt à Arras. Accusat. publ., juges et jurés du Trib. révolut. d'Arras, imposteurs et prév., 3 pièces.

388. **Thérèse Lallier,** veuve de Benoît-Jh. Carault. Condamn. à mort prononcée par le trib. révolut., contre un milit. — **Clabaux,** veuve Dauchez. Prévaric. des juges du trib. révolut. qui ont mal et uniquemt appliqué la peine de mort. — **Les enfants de Dominique Debret,** cit. de Saint-Pol, cond. à mort par le trib. de J. Lebon. — Développ. des formes acerbes de J. Lebon : Théod. Herpin, à la Conv. Nat. — Aux cit. représ. compos. le Comité de sûreté génér. Valentin Debret, de St-Pol, 5 br. in-4°.

389. **La Vve Lallart** à Arras. Encore un crime de J. Lebon, représ. du peuple. Requête à la Conv. Nationale. — Persécut. du trib. révol. contre la fam. des Lallart. — Marie J. Ant. Louis Franç. J. Cornil Guis., Vaast, Franç. Marie, Marie-Louise Jh. Louis-Benoît Lesergeant, et Soph. Jh. Eugénie Daix, dt à Arras. « Victimes du système de sang longtemps à l'ordre du jour... » — **Fl. Lemaire,** Vve de Joac. Magniez, dt à Tilloy, près Arras. Le trib. révolut. de Cambray exécut. des vengeances pers. de

J. Lebon. — Violation de toutes les formes... la cit. Ve Jean Payen, cult. à Neuville-l.-Liberté... (à la Convention). — Amis et patriotes sacrifiés par jugt rendu par le trib. rév. de Cambray... M.-Mme Payen... à la Con. Nat. 6 br. in-4°.

390. **Marie Pigache,** Vve de L.-Jh. Savary... Projet annoncé par Lebon... d'envoyer à l'échafaud les fermiers cult. du dépt du P.-de-C. — **Tournel, Crépieux**, **Lejosne.** Machin. empl. par J. Lebon représ. du peuple... pour conduire à l'échaf. 23 pers. sur 24. — **Amélie Lallart,** veuve de J.-B. Vicogne, imp. à Arras, traduit au trib. révol. par l'envie de métier, et condamné à mort par l'un des auteurs du fait qu'on lui imputait. *Paris*, *Rougiff*, 3 pièces in-4.

391. **Les cit.** de la comm. d'Aire réunis en soc. popul., régénérée le 4 vent. an III. A la Conv. Nat. — Id. la comm. de St-Pol, 2 pièces in-4.

392. **Rapport** fait à la Conv. Nat. au nom de la Comm. des 21 étab. par décret du 18 flor. dernier pr exam. la conduite du représ. J. Lebon, par *Quirot*. Mess. an III, in-12, 110 pages.

393. **Bachelar.** A l'Eternel. Au tribunal de l'Humanité. Réponse à la défense de Joseph dit Lebon. (Paris), Boulard, an III, in-12, 70 pages.

394. **Abus d'autorité** ou la verge de fer des représ. Lebon et ses complices. (Arrest. à Arras malgré les réclam. du Comité de surveil. révol. *Associés*, in-12, 38 p.

395. **Jugt. du trib. crim.** du dépt. de la Somme qui condamne Joseph Lebon, député du P.-de-C. à la peine de mort, pour... avoir exercé des oppressions, persécut., cruautés, etc. *Amiens*, *Associés*, an IV, in-4, 16 p.

396. **Procès** de Joseph Lebon, recueilli par la Citoy. Varlé. *Amiens*, (an IV), *Associés*, 2 vol. in-8, 371 et 196 pp.

397. **Les Secrets** de J. Lebon et de ses complices par Guffroy. *Paris*, *Guffroy*, an III, in-8, 479 et 133 p. — Rel. anc.

398. **Poirier** et **Montgey**. Les Angoisses de la Mort ou Idées des horreurs des prisons d'Arras. — Atrocités commises envers les détenues dans la maison d'arrêt à Arras, par Jh.

Lebon (suite aux angoisses de la mort). *Paris*, an III, 2 br. in-12, 52 et 64 pp. — Vignette du loup et de l'agneau.

399. **Poirier** (auteur de la grav. des formes acerbes). Le dernier gémissemt. de l'humanité contre L. et ses complices. — Les crimes de L. et de ses agents ou idées des horreurs des prisons d'Arras. *Paris*, an II-III, 2 br. in-18, 52 et 31 p.

400. **Poirier** et **Montgey**, de Dunkerque. Les Angoisses de la Mort ou Idées des horreurs des prisons d'Arras (2e édit. augmentée). — Les crimes de Jh. Lebon. — Atrocités envers les détenus à la Providence.— Le dernier gémiss. de l'Humanité contre Jh. Lebon. *Paris*, an III, 4 br. in-8.

401. — **Idem.** Les Angoisses de la Mort. — Idées des horreurs d'Arras ou les crimes de Jh. Lebon. *Paris*, an III, 2 br. in-18.

Hommes politiques, etc.

402. **Leblond,** soldat républ., fonct. d'adjudt gén. à l'armée du Nord, détenu par Lebon, aux Comités de salut public et de sûreté générale. — **Leblond** à ses concit. de la comm. d'Arras (réponse à une diatribe). *Paris-Arras*, 2 p. in-4.

403. **Leducq,** homme de loi, au citoyen L... (défense contre l'article de la Lanterne magique). *Arras*, *Leducq*. an V, in-12, 11 p.

404. **J. M. Lefebvre** à ses concitoyens (défense contre sa suspens. comme administr. du dép.) *St-Omer, Gougeon*, in-4.

405. **Lenglet** (E.-G.). Réflexions sur le paiement des impôts (18 fév. 1791). — **Expliquons-nous.** Réflex. sur la lib. de la presse, sur le gouv. révol., etc. *Arras, Vicogne*, 2 p. in-8.

406. **Lenglet.** De la propr. et de ses rapports avec les droits et avec la dette du citoyen. *Paris, Moutardier*, an VI, 156 p.

407. **La cit. Grandjant**, épouse du cit. Lepaige adm. du distr. de St-Omer... suspendu de ses fonctions. A ses concitoyens. *Douai, Associés*, in-12, 12 p.

408. **Opinion de Liborel** sur la résol. du 16 brum. (an V) relat. à la loi du 3 brum. an IV. *Imp. nat.*, in-12.

409. **Montgey** et **Poirier**. Les angoisses de la mort. Maison d'arrêt dite hôtel-Dieu, an II.— Atrocités commises envers les détenus à la Providence, à Arras. *Paris*, ans II-III, 2 br. in-8.

410. **Payne**. Lettre sur l'affaire de Louis Capet. *Imp. nat.*, in-8, 10 p.

411. **J.-B. Personne**, dép., à ses concit. de St-Omer.— Observ. au sujet du décret sur les émigrés. — Opinion dans l'aff. du procès de Louis. *Imp. nat.*, 3 p. in-4 et in-8.

412. **G.-J. Piéron** au représentant Dauchez (polém. électorale). *Arras, Bocquet*, an V, in-8, 8 p.

413. **Discours** par les cit. Montgey et Poirier de Dunkerque à la Soc. popul. d'Arras le 6 vend. an III. — Angoisses de la mort. — Atrocités commises, etc. *Arras-Paris*, 3 p. in-8.

Maximilien Robespierre.

414. **(Robespierre).** Eloge de Gresset, par M***, avocat en Parlement. (cour. par l'Acad. d'Amiens). 1786, ms. in-8, 65 pp.

415. **M*** (Robespierre),** avocat en Parlement. Eloge de Gresset, discours qui a concouru pour le prix proposé par l'Acad. d'Amiens en l'année 1785. *Londres-Paris*, 1786, in-8, 48 p.

416. **Mémoire** à consulter, etc., P.-F. Alexandre. Affaire de Beugny. Consultation signée par Decanchy, Delgorgue aîné, Dourlens, Mauduict, Leducq-Desmasières, de Robespierre. *Michel Nicolas, rue St-Géry*, 1782, 10 p.

418. **Plaidoyer** pour Gillet, architecte d'Arras, contre le Père Claude Berbisot, supérieur de la Maison des Pères de l'Oratoire, signé Guffroy, avocat, Monvoisin et Poupelle, procureurs. *Arras, Vve Michel Nicolas*, 1784, in-4, 33 p.— Réponse pour le supérieur de l'Oratoire au plaidoyer du sieur Gillet (signé de Robesp.). *Arras, Guy de la Sabl.*, 1784, in-4, 26 p.

418. **Mémoire** pour François Deteuf, demeurant au village de Marchiennes, contre les religieux de l'abbaye d'Anchin (signé de Robesp.). *Arras, Guy de la Sabl.*, 1784, in-4, 21 p.

19. **Réplique** pour dame Marie Sommerville, veuve de M. George Mercier, colonel au service de la Grande-Bretagne, contre Louis Buffin, Georges Panot, etc. demeurant à St-Omer. Signé de Robespierre, avocat, Corroyer et Boilly, proceur. *Arras, v^ve^ Michel Nicolas*, 1786, in-4, 59 p. — Mémoire pour les sieurs Panot, Louis Buffin, contre Sommerville, signé Dourlens, conseiller rapporteur, Lesage, avocat. *Saint-Omer, Boubers*, 1787, in-4, 48 p.

420. **Mémoire** pour le sieur Bernard Duquenoi, ci-devant fermier au village de Pelves, contre Doudan, secrétaire du commandement de la province d'Artois. Signé Duquenoi, de Robespierre, avocat, Leveugle et Danel, procureurs. *Arras, veuve Nicolas*, 1786, in-4, 48 p.

421. **Mémoire** pour le sieur Rocard, chirurgien oculiste pensionné des Etats d'Artois et de Cambrésis, contre Agathe Alexandre. Signé Rocard et de Robespierre, avocat. *Arras, veuve Michel Nicolas*, 1788, in-4, 65 p.

422. **Mémoire** pour le sieur Louis-Marie-Hyacinte Dupond, détenu pendant 12 ans en vertu de lettres de cachet, contre Cressent, receveur du domaine à Hesdin, Terouanne, avocat, Denant-Lion, avocat, Evrard, procureur, etc. signé Dupond et de Robesp, avocat. *Arras, veuve M. Nicolas*, 1789, in-4, 93 p.

423. **Lettre** de M. de Robespierre à M. de Beaumetz (rép. à l' « Adresse d'un Artésien à ses compatriotes. *Paris, Potier, de Lille*, in-12, 19 p.

424. **Adresse** de Maximilien Robespierre aux Français. *Paris, Paquet*, juill. 1791, in-8, 49 p.

425. **Robespierre aux Jacobins.** Discours : sur la liberté de la presse ; — sur le parti que l'Ass. nat. doit prendre relat. à la proposition de guerre ; — sur la guerre ; — 3e disc. sur la guerre ; — sur l'install. du Trib. crim. de Paris ; — sur l'influence de la calomnie sur la Révol. ; — sur la Constitution ; — second disc. sur le jugem. de Louis Capet ; — contre Hébert. *Paris, Imp. nat., du Patriote françois, de Duplain, de L. Duplain*, 1791-an II, 9 plaq. in-8.

426. **Discours** de Jérôme Pétion sur l'accus. intentée contre Max. Robespierre. — Réponse de J. Pétion au long libelle de Max. Robespierre. *Paris, Patris et Gorsas*, 2 plaq. in-8.

427. **Réponse** de Guadet, dép. de la Gironde, à Rob., dép. de Paris (2 avr. 1793), au profit de sa veuve. *Paris, Vve Gorsas*, an III, in-8, 72 p.

428. **Le Défenseur** de la Constitution, par Max. Robespierre (jusqu'à la suspension du Roi), avec le prospectus, nos 1 à 12. (*Paris*, 1792), in-8, 614 p., demi-rel. bas.

429. **Le Défenseur** de la Constitution. Année 1792, 10 nos.

430. **Lettres** de Max. Robespierre, membre de la Conv. nat., à ses commettans (pour faire suite au Défens. de la Constit.). *Paris, impr. patriot. et républ.* Année 1792, in-8, 580 p.

431. **Le Défenseur** de la Constitution et lettres de Max. Robespierre. 7 nos divers.

432. **Motion et discours** à l'Ass. nat.— Mot. au nom des prov. d'Artois, Flandre, etc., pour restit. des biens com. ; — disc. sur la contrib. du marc. d'argent ; — sur l'organ. de la garde nationale ; — sur la pétition du peuple avignonnais ; — sur la réélect. des membres de l'Ass. nat. *Paris, Impr. nat., C. Volland et Buisson*, 5 broch. in-8.

433. **Conv. nat.** Déclaration des droits de l'homme et du citoyen proposée par Max. Robespierre. *Imp. nat.*, in-8, 8 p.

434. **Lettres** de Max. Robespierre, membre de la Conv. nat., à ses commettans. (Extr. des Lettres de Rob.). 2 p. in-8, 96 p.

435. **Robespierre à la Convention.** Opinions, rapports et discours : sur le jug. de Louis XVI ; — situation polit. ; — sur les principes du gouv. révol. ; — sur la mort de Fabre ; — sur les principes de morale polit. ; — sur les rapports des idées religieuses et mor. avec les principes républ... (div. édit.) ; — sur les subsistances ; — sur la fête de l'Être suprême, etc. *Paris, Imp. nat., imp. des 86 dép. Arras, Associés*, 1792-an II, 20 p. in-8, rares.

436. **Chute de Robespierre**. Discours... trouvé dans ses papiers par la Commission... ; — conjur. ; — par 9 représ. con-

tre Max. Robesp. pour le poignarder..., rapport et acte d'accus. par Lecointre ; — liste des noms des individus qui ont pris part à la conjur. de l'infâme Rob. ; — nouv. détails de l'horrible conspiration de Robespierre... *Paris* (an II), *Rougyff*, *Guilhemat*, 4 p. in-8.

437. **Idem.** Accusat. intentée dans la Conv. nat. contre Max. Robespierre, par J.-B. Louvet le 29 oct. 1792 ; — A Max. Robespierre et à ses royalistes, J.-B. Louvet, député du Loiret ; — Discours à la Conv. sur les causes du 9 therm. par Michel-Edme Petit, dép. de l'Aisne. *Paris*, *Louvet*, *Cercle social*. *J.-B. Colas*, 3 p. in-8.

438. **Vilate** (ex-juré, détenu à la Force). Causes secrètes de la Révolution du 9 au 10 Thermidor. *Paris*, an III, in-12, 70 p.

439. **La queue de Robespierre,** ou dangers de la lib. de la presse ; — Défends ta queue ; — Rép. à la queue de Rob. par un franc républ. ; — les anneaux de la queue, ou coup d'œil du moment ; — jugem. du peuple souver. qui condamne à mort la queue infern. de Robesp. — Le front de Robesp. et de sa clique, ou la nécess. de la lib. de la presse ; — la tête à la queue ou 1re lettre de Rob. à ses continuateurs ; — Procl. de Rob. à ses amis ; — Robesp. aux frères et amis. et Camille Jordan aux fils de la Monarchie et de l'Eglise. *Paris*, *Rougyff*, *imp. républ.*, *des Patriotes*, *Gratiot*, an III, 9 p. in-8.

440. **Idem.** Nouv. observ. sur le caract., la polit. et la conduite de Robesp. le dernier tyran. — La nouv. montagne en vaudeville, ou Robesp. en plus. volumes, p. Martainville. — P.-A. Taschereau-Fargues à Max. Robespierre, aux enfers. *Paris*, *imp. de l'orat.*, *des faub.*, etc., an III, 3 broch. in-8.

441. **Courtois** (E.-B.) (député de l'Aube). Rapport fait au nom de la comm. chargée de l'examen des papiers trouvés chez Robesp. et ses complices (16 niv. an III). *Paris*, *Imp. nat.*, an III, in-8, 408 p., demi-rel. v. — Id., autre ex., même état.

442. **Histoire** de la conjuration de Maximilien Robespierre. Nouvelle édition. *Paris*, *Maret*, 1796, in-8, 236 p.

442 *bis*. (**Riouffe**). Mém. d'un tenu pour servir à l'hist. de la tyr. de Rob., 2e édit. *Paris*, *Anjubault*, an III. in-8, 228 p.

443. **Le Blond de Neuvéglise** (Proyart). La vie et les crimes de Robespierre surnommé le tyran, depuis sa naissance jusqu'à sa mort. *Augsbourg*, 1795, in-12, 370 p.

444. **Hamel.** Histoire de Rob. La Constituante. Les Girondins. La Montagne. 3 vol. in-8, 1865-1867, reliés ch., non r.

445. **Les Robespierre,** monographie bibliographique par J.-M. Querard. *Paris*, 1863, in-8, 44 p. — **Tissot**. Histoire de Rob. de la Conv. et des Comités. *Paris*, *Renault*, 2 vol. in-12.

446. **Stéfane Pol**. Autour de Robespierre. Le conventionnel Le Bas, préface de Sardou. *Paris*, *Flammarion*, 340 p., in-8.

446 *bis*. **Lodieu.** Max. Rob. (1850). — **Chabot**. Ce bon Mr Rob. (1352), 2 vol. in-8, 135 et 144 p.

447. **Paris.** La Terreur dans le P.-d.-C. et le Nord. Histoire de Joseph le Bon et des trib. révol. d'Arras et de Cambrai. 3e édition. *Arras*, 1879, in-8, 588 p.

448. **Le Bon** dans sa vie privée et dans sa carrière politique, par son fils Emile Le Bon. *Paris*, 1861, in-8, 375 p., rel. bas.

449. **La vie** de Max. Rob. *Arras*, *Théry*, 1850, in-8, 292 p.

450. **Barbier.** Lettres inédites d'Augustin Robesp. à Antoine Buissart. *Arras*, *Courtin*, 1891, in-8, 51 p., avec un portrait de Aug. Robesp. — La vie de Max. Robespierre, 1850, 292 p.

451. **Lettre** de M. de Robespierre à M. de Beaumetz. *Paris*, 1790, *Potier de Lille*, 19 pages in-8. — Discours de Dubois de Fosseux, maire d'Arras, président de l'administration électorale du dép. les 2, 6 et 10 juillet 1790 ; — Lettre de M. Doucet, curé de St-Pierre-lès-Olivettes à l'évêque de Béziers, réimprimée par les Amis de la Const de St-Omer. 5 pièces, in-8.

452. **Le Réveil de l'Artois** ou réflexions sur les droits et intérêts des Artésiens, par un habitant des prov. belg., 48 p. — Le Préservatif, ou lettre patriot. aux belges sur la situation de leurs provinces, par un cit. d'Arras. *Arras*, *s. d.*, 18 p., 2 br.

453. **Réflexions** sur le projet de vendre les biens ecclésiastiques, surtout relativ. aux provinces belgiques. Réponses aux réflexions. *S. l. n. d.*, 2 broch. 15 et 8 p.

454. **Lettre** du Roi pour la convocation des Etats-Généraux, 27 avril 1789; nouvel Avis à la nation artésienne sur les doléances d'une communauté ; aux députés de la province d'Artois, pétition en faveur des laboureurs artésiens, par Lair du Vaucelles, député, de Saulty. 3 broch. in-8.

455. **Lettre** d'un habitant de Boulogne à M. le Cte de la Touche ; — réponses d'un intéressé dans la ferme à l'eau-de-vie, aux doléances des blasés d'Artois ; — à la nation artésienne sur la nécessité de réformer les Etats d'Artois, 3 br. in-8.

456. **Rougeville** (Gonsse de). A mes concitoyens. « Enfin la vérité triomphe » (contre Guffroy). *S. l.* (20 juin 1797), in-4.

Représentants du Peuple.

457. **Représ. du Peuple :** arrêtés, proclam. sur le recrut, la levée de cavalerie, le besoin de charbon, la surv. des étrangers, les volont. de la 1re réquis., les déserteurs, le régime des prisons, etc. (par Bollet et Vidalin, Carnot, Duhem, Choudieu et Richard, Lacoste et Peyssard, Laurent, J. Lebon, Lequinio, etc.). *Arras, Bapaume et Calais*, an II-III, 15 p. in-4.

458. **Idem.** Arrêtés et proclam. sur l'adm. gén., les agents nat., les juges de paix, la protect. des nourissons, les subsistances, etc. (par Berlier, Delamarre et Merlin, Fl. Guiot.) *Arras, Bapaume et Calais*, an III, 20 p. in-4.

459. **Circulaires** imprimées adressées par le commissaire du Directoire Exécutif près de l'Administration centrale du dép. du P.-de-C. (1795-1800). *a*) an IV, 65 pièces ; *b*) an V, 75 pièces ; *c*) an VI, 96 pièces ; *d*) an VII, 93 pièces, an VIII, 9 pièces. *Impr. locales*, in-4 et in-8. — Très rare.

460. **Discours** prononcés par le prés. de l'Adm. centr. du dép. lors de la célébration de la mort de Louis XVI (2 pluviôse ans VI et VII) de l'anniv. du 10 août (23 therm. an VI). 3 pièces in-8, in-4, 12, 8 et 7 p. *Arras, Associés, Boutry Leducq.*

461. **Proclamations** et adresses de l'Adm. centrale du dép., 22 floréal an VI, 4 therm. an VII.— Discours lors des fêtes du

10 août et du 2 pluv. Signatures autographes de J. Merlin, Leblond, Gayant, Duflos, Parent, Réal, Coffin, Berquier-Neuville, Bergaigne, président et administr. du dép. (an VI).

462. **Collection** des circulaires envoyées par l'administration centrale du département (1795-1800), an IV, 160 pièces; an V, 107 pièces; an VI, 98 pièces; an VII, 100 pièces; an VIII, brum. à germ., 40 pièces. *Impressions locales*, in-4 et in-8. (Très rares).

463. **Collection** des arrêtés de l'Administration centrale du dép. à la suite des séances (1795-1800), an IV, 66 pièces; an V, 31 pièces; an VI, 59 pièces; an VII, 40 pièces; an VIII, 21 pièces.

ARRAS

Histoire générale.

464. **Guesnon** (A.). Les Origines d'Arras et de ses institutions. *Arras, Rohart-Courtin*, 1896, 2 fasc. in-8, 94-59 p.

465. **Lecesne** (E.). Hist. d'Arras, depuis les temps reculés jusq. 1789. *Arras*, 1880, 2 vol. gr. in-8, d. rel. maroq., n. rogné.

466. **Lecesne** (E.). Arras sous la Révolution. *Arras, Sueur-Charruey*, 1882, 3 vol. gr. in-8, d. rel. chagr. n. rogné.

467. **Journ. de d. G. Robert**, relig. de St-Vaast, conten. plus. faits arrivés de son temps, princip. à Arras (1464-1492). *Arras, Degeorge*, 1852, in-8.

468. **Obert**, Payen et Ledé Nic.). Troubles d'Arras, 1578. Discours vérit. de ce qui s'est passé en la ville d'Arras, depuis l'union et conféder. des Estats d'Artois... Emotion des Gueux à Arras, par Ledé, abbé de S. André-au-B., 1578. Publié par A. d'Héricourt. *Paris*, 1850, 2 vol. in-8, de 149 et 152 p.

469. **(Guesnon).** Inventaire chronologique des chartes de la ville d'Arras. Documents (livre imprimé, jamais mis en circulation), rare), in-4, 520 p.

470. (**Bacler**, greffier du Magistrat). Chron. de la ville d'Arras (jusqu'en 1765). *Arras, Nicolas* (1766), in-4, 92 p. d. rel.

471. **Lecesne** (E.). Notice historique, monum. et statist. sur la ville d'Arras. *Arras, Schoutheer*, 1872, in-8.

472. **Histoire** des villes de France, publiée par Furne, Fournier, Perrotin. Arras, in-8, 25 p.

473. **Héricourt** (Achmet d'.). Les sièges d'Arras. Hist. des expédt. milit. (av. pièces just. et tables). *Arras, Degeorge*, 1844, gr. in-8, d. rel. mar. noir, n. rogné. — Id. d. rel. veau vert (Capé).

474. **Hist. milit.** : Capitul. de 1640, (plac. in-f° XVIIIe s.) ; — siège de 1640, d'après la gazette du temps, par Advielle ; — Paix des Pyrénées ; — Chap. de la citadelle ; — Not. hist. sur la cit., par de Cardevacque ; — Marche patriot. de 1872, 6 p. in-f° et in-8.

475. **Guesnon**. La Surprise d'Arras, tentée par Henri IV en mars 1597 et le tabl. de Hans Coninexloo. *Arras, Répessé*, 1907, gr. in-4 vergé. 4 pl. photo. et et pl. litho.

476. **Capitulation** de la ville d'Arras (1640), articles accordés aux députés, f° 5 pages. — Mandements des maïeur et échevins 1773 et 1779, sur les fermes es Etats et ville, 3 pièces f°.

477. **Finances, impôts**, etc. Richard. Conversion de rentes à Arras en 1382. — Impôt sur le revenu en 1367, par de Loisne. Ferme des vins à Arras.— Construct. de la basse-ville. — Canal d'Arras-Boul. — Station près de la ville. 8 br. in-f° et in-8.

478. **Arras sous la Révolution**, par Edmond Lecesne. *Arras, Sueur-Charruey*. 3 vol. gr. in-8, br.

479. **Notices** sur le siège d'Arras, par les Espagnols en 1654, par Ch. Buissart. — Procès des événements du siège en 1654, par Bichot, 2 broch. in-8, 38 et 19 p. — Carte.

480. **Vignacourt** (Ch. de). Observ. sur l'Echevinage de la ville d'Arras (jur. du Magistrat ; draps de robe ; corporat ; domaine et revenus ; — nombr. chartes (1190-1493) ; publ. par Harbaville). *Arras, Courtin*, 1866, in-8. 560 p.

481. **Registre** mémorial de la ville d'Arras de 1354 à 1383. *Arras, Courtin*, 1870, in-8, 124 p.

Droits — Coutumes — Prisons, etc.

482. **Coutumes** locales tant anc. que nouv. de la loy, banlieue et échevin. d'Arras.... de la cité d'Arras, Bapaume ; l'Alloeu ; de Lens, etc. *Paris, Simon*, 1746, in-4, XXIV-411 p. rel. v.

483. **Statuts** et règlemens de la communauté des notaires roy... d'Arras, donnés à Fontainebleau au mois de nov. 1750. *Arras, Vve Duchamp*, in-18, 28 p.

484. **La Terreur** dans le Pas-de-Calais et dans le Nord. Histoire de Joseph Lebon et des tribunaux révolutionnaires d'Arras et de Cambrai, 2e édition. *Arras, Rousseau-Leroy*, 1864, in-8, 2 vol., rel. veau en un seul.

485. **Arras**. Prisons et bourreau. Les crimes de J. Lebon. — Dernier gémisst. de l'Humanité. — Atrocités commises... à la Providence d'Arras...—Les angoisses de la mort, par Poirier et Montgey.— Le bourreau, par de Cardevacque, 6 br. in-8.

Hagiographie diocésaine.

486. **Van Drival**. Courtes notices sur les saints du dioc. d'Arras.—Les saints d'Arras. *Arras*, 1868-1872, 2 br. in-8 et in-12.

487. **Vie de saint Vaast**, premier évêque d'Arras. Hist. de sainte Angèle, fondatrice de l'œuvre de sainte Ursule, av. notices hist. sur les communautés du Nord de la France, par l'abbé Parenty. *Arras*, 1842-1877, 2 br.

488. **Saint Vaast**, évêque d'Arras. Dissert. sur le lieu de naiss. suivie de l'anc. vie de St V. — Hist. de sa mission suiv. de notice sur St Omer et St Bertin, par Arbellot, ch. de Limoges; Pergot, Van Drival, Proyart et Rambure. *Paris, Arras, Lille*, 1858-1896, 5 br. in-8.

489. **Vies de sainte Bertille,** pat. de Mareuil ; — St Jean, berger de Monchy-le-Preux ; — St Éloi, av. monogr. de l'abbaye : — St Landelin, de Vaulx-Vrauc. *Arras*, 1715-1785, 4 br. et vol.

490. **Vita** del beato Benedetto Guiseppe Labre ; pellegrino francese. *Roma, tipogr. Forense*, 1860, gr. in-8, av. portr., d'après Gagliardi ; rel. v. plein, encadremt., dos orné.

491. **Vita** di S. Benedetto Guiseppe Labre, scrita dal padre Ant.-M. Coltraro. *Roma, tipogr. dell'istituto Pio IX*, 1881, gr. in-8, d. rel. av. portr.

492. **Vies** des SS. Nazaire et Celse, martyrs au 1er se honorés à Ablain-S.-Nazaire.—Hist. de Florence de Verquigneul, 1re abb. de la Paix N.-D. à Douai, par l'abbé Parenty. *Arras-Lille*, 1846-1861, vol. et br. ex-libr. de Card., lith. Robaut.

Liturgie

493. **Rituale** ad usum diœcesis Atrebatensis (édit. Jean de Bonneguise). *Arras, Michel Nicolas*, 1757, in-4, rel. v.

494. **Rituale** ad usum diœcesis Atrebatensis (édit. par J. de Bonneguise, réédité par l'évêque de la Tour d'Auvergne). *Arras, Vve Bocquet*, 1826, in-4.

495. **Id.** *Arras, Michel Nicolas, s. d.*, in-16, rel. v. plein.

496. **Proprium Atrebatense** (éd. de la Tour d'Auvergne Lauraguais). *Arras, Vve Nicolas*, 1806, in-16.

497. **Manuale ordinandorum**... ad usum seminarii episcopalis. *Arras, Bocquet*, 1819, in-18.

498. **Exercitatorium** spirit. conscript. pro religiosis monast. Sti Vedasti. *Douai, Jean Patté*, au *Missel d'Or* ,1678-1680, in-16, 274-70 p., rel. anc. — Rare.

499. **Principes** de conduite ord. et statuts du dioc. (par de La Tour d'Auvergne et Parisis). *Arras*, 1806, 1825 et 1856, 3 v.

500. **Catéchisme** du dioc. par J. de Bonneguise et P.-L. Parisis. *Arras, Nicolas* et *Brissy*, 2 v. in-12.

501. **Tarif** des oblations pour diocèse. — Règlemt, génér. du Sém. épiscopal. — Mandemt et instr. pour les jubilés de 1770, an XII et 1826. — Relat. de la Mission d'Arras en 1825, 6 br. in-4. in-8, et in-18.

502. **Collection** de calendriers liturgiques du diocèse. *Arras, Bocquet, Brissy.* 1812-1864, 20 vol., en partie cartonnés.

503. **Ordo** admin. sacramenta ad usum præsertim missionariorum hujusce diocesis. *Béthune, Van Costenoble*, 1800, in-16.

504. **Collect. d'Ordo** divini officii. *Arras, Brissy, Laroche*, 1852-1903, 45 vol. in-12, nombr. vol. rel. maroq., coins tr. d. — Autre collect. 1852-1894, 34 vol. in-12. id.

Diocèse — Évêques — Chapitre — Dévotions locales Abbayes— Corporations — Confréries — Assistance

505. **Collection d'Annuaires** du diocèse, publ. par Robitaille, Laroche, Machez, Debout, etc., 1864-1903. *Arras, Schoutheer*, 24 vol. in-16, rel. et br. (conten. l'hist. rétrosp. du diocèse, nombreuses monogr. et biogr.).

506. **Rech. sur l'ancienneté** de l'Eglise d'Arras.— Annales de l'Egl. d'Arras, etc.—Restauration du siège épiscopal; par Robitaille, Duflot, etc. *Arras*, 1855-1898, 3 br., in-8 et in-4.

507. **Évêques d'Arras.** Notices sur le bienheureux Milon, Asson, Jean Richardot, Moullart, Gui de Sève ; par Parenty, E. Edmond, Victor Brants, de Ternas, Ch. Depotter. *Arras, Louvain, Douai, St-Pol*, 4 br. in-8, photot.

508. **Duflot** (l'Abbé). Un orateur du XVIe siècle. François Richardot, évêque d'Arras. *Arras, Sueur-Charruey*, 1898, in-8, portr. av. pièces justif.

509. **Gui de Sève.** Lettres pastor. de l'évêque d'Arras, touchant l'adm. du sacr. de Pénitence, etc. *Arras, Pierre Jollet, rue des Jésuites*, 1677, in-18, rel. v.

510. **Id.** Autre ex. rel. parch.

511. **Gui de Sève.** Lettres et maximes pastor. de Mons. l'év. d'Arras. *Orléans, Jean Bordes*, 1707, in-18, cart.

512. **Rec.** des ordonn., mandemens et censures de M. l'év. d'Arras. *Arras, César Duchamp*, 1710, in-18, rel.

513. **Rec.** des règlemens et ord. du dioc. d'Arras. *Arras, C. Duchamp*, 1746, in-18, rel. v.

514. **Lettres** et max. pastor. de Mons. l'évêque d'Arras. Deuxième édition. *Arras, C. Duchamp*, in-18, rel. v.

515. **La Tour d'Auvergne Lauraguais** (le Card.). Règle de conduite aux curés, desserv.; — indulg. en faveur des bienf. de la Cathéd.; — biograph. par un solitaire; — cérém. des funér.; — oraison funèbre; — notice par J. d'Auriol; — étude nobil. et héraldique, par G. Acremant. *Arras-Paris*, an XI-1905, 7 br. pl.

516. **Id.** Conflit avec le chan. Godart, curé de St-Jean-Bte. *Gorilliot, rue St-Géry*, 1843-46, 4 mémoires et lettres in-4.

517. **Parisis** (P.-L.). Alloc. à son install.; — art. de polémique; — funérailles; — orais. funèbre; — biogr. par Veuillot et Robitaille. *Paris-Arras*, 1846-1866, 10 br. in-8 et in-12, portr.

518. **Lequette** (J.-Bte) et le card. Meignan : sacre; — chant du sacre, par Lesage; — orais. fun., par C. Catteau; biogr. par de Sède, Legentil. — Orais. fun. du card. Meignan, par Mgr A. Williez. — Fun de Mgr Dennel. — Les Evêques d'Arras, par d'Héricourt. *Paris-Arras*, 1853-1896, 8 br. in-8 et in-12.

519. **Fanien** (abbé). Histoire du Chapitre d'Arras. *Arras, Rousseau-Leroy*, 1868, in-8, 526 p.

520. **Loisne** (de). Le cartulaire du Chapitre d'Arras (publ. sur le ms. de la Bibl. Nation.). *Bohard-Courtin*, 1897, in-4.

521. **Fêtes religieuses :** Fêtes d'Arras et d'Amettes; — service pour le pape Pie IX; — le Diocèse d'Arras à Ars, Fourvières, etc. Fêtes de Jeanne d'Arc. *Arras*, 1860-1894, 5 broch.

522. **Mandements**, instructions, circulaires de l'évêque La Tour d'Auvergne (1802-1851), 239 pièces.

523. **Idem** de Mgr Lequette (1866-1882), 187 pièces.

524. **Idem** de Mgr Meignan (1882-1884), 14 pièces et Dennel (1884-1892), 27 pièces.

525. **Idem** de Mgr Williez (1892-1906), 73 pièces.

526. **Paroisse St-Aubert.** Mém. et Précis de l'instance pour Doré et Bultel, conseillers, contre le curé et l'échevinage d'Arras. — Coutumes du Pays-Bas sur les officiers de justice et marguilliers des paroisses. *Paris, Desprez*, 1748, 6 pièces in-4.

527. **Cartulaire** de N.-D. des Ardents à Arras, par Louis Cavrois. *Arras, Bradier*, 1876, in-8.

528. **Les Ardents** et la **Ste Chandelle.** Notices par Proyart. Watelet, Dancoisne, Louis Cavrois, Guil. Gazet (réimpr.). *Arras*, 1860-1899, 7 br. in-8, in-12 et in-18, pl.

529. **Sanctuaires des Ardents.** Fêtes de 1876, statuts de la gr. Confrérie. *Arras*, 1871-1877, 8 broch.

530. **Etrennes** aux gens d'église ou la Chandelle d'Arras, poème en XVIII chants. *A Arras*, aux dépens du Chap., 1774.

531. **Le Préau** des Ardents, par Fr. Blondel. — La nouvelle église des Ardents. — La Sainte Chandelle d'Arras, par de Linas. — Association de la Mission. — Relation de la Mission de 1825, par le baron de Hauteclocque (in-4, 44 p.), 6 br.

532. **Notre-Dame du Bois** à St-Laurent. — Notre-Dame de Bonnes-Nouvelles-lez-Arras (Ronville) ; par C. Legentil, anc. magistrat. *Arras*, 1887-1888, 2 br. in-8.

533. **Rec.** des pièces qui rétablissent la Confrérie du S. Sacrement en l'égl. paroiss. de S. Nicolas en la cité d'Arras. *Arras, veuve Nicolas, rue St-Géry*, an XIII, in-18, VI-66 p., dem. rel. v. — **Indulgences** dû pape Pie VI, pour la confrérie des Trépassés érigée en l'égl. S.-Nicolas-en-Cité, an XIII, in-32 11 p.

534. Autre exemplaire br.

535. **Association** de la confr. de N.-D. du Mont-Carmel et du Scapulaire (Chap. de Ste Agnès). *Arras, Nepveux*, 1838, in-18.

536. **Id.** av. Manuel de dévotion aux âmes du Purgatoire. *Arras* et *Paris*, in-18, rel. v. plein.

537. **La Sainte Manne,** par l'abbé Proyart, chancelier de l'Académie. *Arras, A. Courtin*, 1873, in-8.

538. **Lefebvre** (l'abbé). La Dévotion au Calvaire, par M. Lefebvre, prêtre et vic. de St-Géry, d'Arras. *Douai, J. Willerval*, 1739, in-12, 116 p. avec gravure.

539. Autre exempl. rel. anc.

540. **Dévotion au Calvaire.** Histoire et notices, par le chan. Proyart, Le Gentil, Debout. *Arras*, 1805-1899, 8 br. in-8, in-12 et in-18, av. pl.

541. **Debout.** Histoire du Calvaire d'Arras, 3e édit. *Arras, Soc. du P.-d.-C.*, 1899, in-8, 148 p. av. pl. photot. et lith.

542. **Le Calvaire d'Arras** (doc. authent. et inédits 1677-1882), par C. Le Gentil. *Sueur-Charruey*, 1882, gr. in-8, pap. vergé.

543. **Un Cartulaire** de l'abbaye de Vaast, codex du XIIe siècle, par Guesnon. *Paris, Impr. Nat.*, 1896, in-8, 66 p.

544. **Cartulaire** de l'abbaye de Saint-Vaast, d'Arras, rédigé au XIIe siècle par Guimann. — Not. sur le Nécrologe de Saint-Vaast d'Arras, par Van Drival. — l'abbé Seiwold, réponse à M. de Linas. *Paris, Imp. Nat.*, et *Arras*, 1 vol. et 2 br.

545. **Journal** de Dom Gérard Robert, relig. de Saint-Vaast, d'Arras, (mort en 1512). *Arras, Vve Degeorge*, 1852, in-8, av. pl. — (Ouvrage rare et intéressant).

546. **Ambassade** en Espagne et en Portugal (1552) de d. J. Sarrazin, abbé de Saint-Vaast, par Ph. de Caverel (son successeur). *Arras, Courtin*, 1860 (intr. par A. d'Héricourt), in-8.

547. **De Cardevacque.** Le collège de Saint-Vaast à Douai (1619-1789). *Douai, Crépin*, 1882, av. lith. Desavary.

548. **Ricouart** (Louis). Les biens de l'abb. de St-Vaast dans la Hollande, la Belgique et les Flandres françaises. *Anzin, Ricouart*, 1887, in-8.

549. **Essai** sur la numismatique de l'abbaye de Vaast, par Dancoisne.—Monogr. des prévôtés de St-Vaast (Angicourt, St-Michel, Gorre. *Arras, Brissy*, 1869, 4 br. in-4, av. nombr. pl.

550. **Mémoire** pour Riche, prévôt d'Haspres et les grand prieur et religieux de l'abbaye de St-Vaast (février 1789). In-4, Paris,

Baudouin, 70 p. — Représentation de l'échevinage d'Haspres au sujet de l'arrêt du Conseil du 20 déc. 1788 qui ordonne le séquestre des biens de la prévôté d'Haspres.

551. **Abb. de Saint-Vaast.** Mém., factums, etc. ; pour de La Tour d'Auvergne, card. de Bouillon, abbé de S. V. et le Chapitre, contre Me Ph. de Gouy, vicaire deBeaumetz (1697) ; — l'Abb. contre les comm. de Simencourt, Beaumetz et Monchiet, etc. (1700) ; — le Chapitre d'Arras et l'Abb. contre le sr Le Maire, curé de Simencourt, etc. (1764) ; — arrêt du Conseil maintenant l'Abbaye dans le droit de tenir un bac à St-Maur (1753),contre le sr d'Esclaibes, sr d'Amerval ; — règlement de 1781. *Paris. Reynart* et *Cramé*, 6 plac. gr. in-fo.

552. **Idem** (1641-1783). — Justice de l'Abbaye, 1734. Evocation au Grand Conseil pour le cardinal de Bouillon (1673). — Concordat avec l'échevinage d'Arras (*Arras, Barbier*, 1736, 33 pages). — Mémoire contre l'Ech. d'Arras, au sujet du droit d'estappe, — du cardinal de Rohan, abbé, au sujet des moulins deBlangy et de la navigation sur la Scarpe. (*Paris, Delaguette*, 1758). — Élection de l'Abbé (1641). — Placets adressés au Roi. — Droits du grand prieur Dom Jacques de Bonmarchet. — Nominations capitulaires 1674, 1704, 1712, 1755. — Droits du prieur lors de la nomin. du cardinal d'Este comme abbé (1663). — Administr. des prévôtés, collèges et offices claustraux. — Mém. (1783) ; 17 pièces, in-fo et in-4.

553. **Statuts** et règlements de la confrérie des Jongleurs et Bourgeois aux XII, XIII et XIVe siècles, par Guesnon (A.). — Les anc. corporations d'arts et métiers de la ville d'Arras, par Aug. Parenty. *Arras*, 1860 et 1868, 2 br. in-8.

554. **Proyart.** Notices historiques sur les établiss. de bienf. anciens et modernes de la ville d'Arras et de sa banlieue. *Arras, Degeorge*, 1846, in-8, d. rel.

556. **Id.** Exempl. br.

556. **Notices** histor. sur les étab. de bienf. anciens et modernes de la ville d'Arras et de sa banlieue, par le ch. Proyart. — M. l'abbé Halluin et son établiss. —Notes histor. sur quelq. anciens petits hospices d'Arras, par E. Becthum. *Arras, Degeorge, Rousseau-Leroy, Répessé*, 1846-1904, 2 br. in-8 et in-12.

557. **Projet** intéressant de bienfaisance (établiss. à Arras, d'une manufacture de laine, auparavant à Auxi-le-Château, par Le Cat-Machy). XVIIIe siècle. 1 pièce in-4.

Typo-bibliographie

558. **Doctoris J. W. Wiringi**, presbyt. et canon. Atrebatens. —De jejunio et abstinentia, medico-ecclesiastici libri quinque (nombr. épitres laudatives de docteurs et savants régionaux). *Rigiaci Atrebatium, ex offic. Gulielmi Riverii*, 1597, in-4, 157 p. et 12 feuill. limin., cart. pl. toile. — *Rare*.

559. **Lettres patentes** avec deux arrêts (en matière d'impôts et faits de noblesse à juger en 1re instance par l'Election d'Artois. *Arras, Urbain-César Duchamp*, 1743, in-4.

560. **Constitutiones** generales Recollectorum totius regni Galliæ. *Arras, Guy de la Sablonnière*, 1773, in-4, 77 p.

561. **Imprimerie** de Lemaistre, rue Ernestale. Procès-verb. de la Conv. nat., séance du 11 déc. 1792 (Accusation et interrogatoire de « Louis, dernier roi des Français »). In-8, 31 p.

562. **Impr. du cit. Leducq.** Acte constit. précédé de la déclar. des droits de l'homme et du citoyen (24 juin 1793). — Constit. de la Républ. française (an IV). In-8, 2 br.

563. **Impr. des Associés.** Instr. sur l'existence du salpêtre dans les terres souterraines... (an II). — Id. sur les soins à donner aux chevaux pour les conserver en santé sur les routes et dans les camps... (an II). — Constit. de la Rép. franç. proposée au peuple franç. par la Convention (fruct. an III). — Constit. de la Rép. franç. (an IV). — Instr. pour les bergers par Daubenton, an III. — Instr. sur les mesures uniformes, an II. — 6 vol. et br. in-8.

564. **Impr. Vicogne.** Instr. du min. de l'Intérieur aux municipalités (1793) (secours aux parents des défenseurs). In-8, br.

565. **Impr. Galand.** Catéchisme des droits et devoirs d'élection, pour les assembl. prim. et élector. de l'an Ve de la Rép. par J. D., cit. français. In-8, br.

566. **Impr. Duflos.** Proclam. relative aux assembl. prim. de l'an VI. In-8, br.

567. **Impressions** d'imprimeurs d'Arras : Gorrillot, Vve Nicolas, Degeorge, Souquet. Recueil d'énigmes, logogriphes et charades ; Catéchisme historique par Fleury ; Art poétique d'Horace traduit en vers par D. ; Essai poétique ; Memoriale vita sacerdotalis. 8 brochures.

Archéologie — Sigillographie — Numismatique

568. **Le Gentil** (C.). Le Vieil Arras, ses faubourgs, sa banlieue, ses environs, souvenirs archéologiques et historiques avec eaux-fortes de J. Boutry. *Arras, Eugène Bradier*, 1877, gr. in-8, XI-751 p. av. pl., rel. d. ch. av. coins, n. rog.

569. **Terninck.** Arras, hist. de l'architect. et des Beaux-Arts, jusqu'à la fin du XVIIIe siècle. *Arras, Sueur-Charruey*, 1879, in-8, 311 p., d. rel. ch. coins, ébarb. planches.

570. **D'Héricourt** et **Godin**. Les Rues d'Arras, dict. histor. notices sur leur étymol., établiss. relig., administr. milit., etc. *Arras. Brissy*, 1856, 2 vol. in-8, rel. d. ch. n. r.

571. **Le Gentil**. Arras et sa banlieue vus à vol d'oiseau. — Documents inédits touchant l'abbaye de St-Vaast (59 p.). *Arras*, 1878-1880, in-8, 2 br.

572. **Cardevacque** (A. de). Les Places d'Arras. Etude hist. et archéol. sur la Grande et la Petite Place et la rue de la Taillerie. *Arras. Sueur-Charruey*. 1881, gr. in-8, rel.

573. **Advielle.** Les Places d'Arras à la fin du XVIIIe siècle. *Arras, Sueur*, 1893, in-4 av. 2 planches, dess. par David.

574. **Terninck.** Essai histor. et monogr. sur l'égl. N.-D. anc. cathédrale d'Arras. *Paris, Didron*, in-4, d. rel. bas., 22 pl.

575. **Terninck** (Aug.). Recherches sur les monumt. et objets d'art relatifs à l'abb. de Saint-Vaast, avec une étude numism. par L. Dancoisne. *Arras, A. Brissy*. 1869, in-4, nombr. pl.

576. **Le Gentil.** Notice sur les Petite et Grande Places d'Arras, la rue de la Taillerie et la Porte St-Michel, la Porte-Ronville.

Arras, Sueur-Charruey, 1881, en 1 vol. gr. in-8, av. pl., par *Boutry*, d. rel. ch. n. rogné.

577. **Arras**. Anc. cath. — Travaux d'art à St-Vaast, par J. Du Clercq. — Antiq. du cloître N.-D. — Notice sur les Ursulines. — Cathédrale (chapelle de la Vierge) par [Debray], Loriquet, L. Cavrois, Van Drival. *Arras*, 1839-1889, 5 br. av. pl.

578. **Arras**. Cathédrale. — La Chandelle d'Arras. — Monuments. — Notice sur le couv. des Ursulines, par [Debray], Terninck, Van Drival. 6 broch. in-8 et in-4, avec pl. et fig.

579. **Arras** et ses monuments, par J. Boutry, etc. — Semaine de juill. 1830. — Anniv. de Juillet (1833). *Arras*, 1831-1890, 4 br. in-8, av. grav.

580. **Moulin** et habitation de Poterne : lettres, documents exposé par Bernard et Dauchez. *Arras, Souquet*, 1830-1833, 2 broch. in-4, 36 et 36 p.

581. **Louis Cavrois**. Le Refuge d'Etrun et la manuf. de porcelaines d'Arras. *Arras, Soc. du P.-d.-C.*, 1877, in-8, av. pl.

582. **Arras**. Archéologie : Texte du XIIIe s. relat. à la bataille de Bouvines, par Guesnon. — Arras, Gallo-romain, par Terninck. — Pierres tombales du couv. des Carmes, p. d'Héricourt et Godin. — Trésor sacré de la Cathédrale. par Van Drival. — Notice sur les tableaux des églises d'Arras, de Le Gentil. *Paris-Arras*, 1860-1893, 7 broch. av. pl.

583. **Id.** — Répert. du plan de Desailly de 1704. — Catal. du salon 1833. — Tableaux des Egl. par Legentil. — La Musique, par de Cardevacque. *Arras*. 1833-1885, 4 br. in-8.

584. **Le Gentil**. Les Places. — Le Déclassement, études économiques et financières, par Shell (*Arras*, 1882, 22 p. in-4). — Notice sur anc. cath. et St-Nicolas, 1839-1882, 3 br. in-8.

585. **Arras et sa banlieue** au 17e s., par Le Gentil. — Arras, ses fortific., ses guildes, ses compagnies bourgeoises, défense de la Place, par Guesnon, Barbier et Rouyer, illustr. de Julien Boutry. *Arras, Répessé*, 1891, gr. in-f^o, 1 planche. Publication abandonnée (projets). *Très rare*.

586. **Le Trésor** de St-Nic.-en-Cité, par Cavrois.— Trés. de N.-D., par Loriquet (pap. Japon). — Le Trés. de la Cath., par Van Drival. — Chef de St-Jacques, par le même, etc. *Arras-Paris*, 1860-1893, 5 broch. in-8, pl. clichés. *Quentin*, etc.

587. **Guesnon** (A.). Sigillogr. de la ville d'Arras et de la Cité... précédé d'un essai sur les sceaux de la commune. *Arras, Topino*, 1865, gr. in-4, av. 34 pl. rel.

588. **Idem.** Ex. broché.

589. **Numismatique** : Méraux de plomb aux types de mailles ; les plombs des draps ; poids monét. ; sceau d'or mérov. par L. Dancoisne. *Bruxelles-Arras*, 1881-1885, 4 br., in-8 av. pl.

590. **Tapisseries** de hautelisse. Etudes et controverses, par Van Drival, Proyart, Dehaisnes, Loriquet et Guesnon. *Arras*, 1863-1884, 10 broch. in-8 (rare).

591. **Idem,** Van D., Dehaisnes, L. et Guesnon, 9 br. in-8.

592. **Tapisseries** et dentelles d'Arras, par Vandrival, de Cardevacque et Loriquet. *Arras*, 1863-1884, 6 broch. in-8.

593. **Arras.** Livre Rouge de la Vingtaine, par Guesnon. — Enseignes d'Arras, par de Cardevacque. — Place St-Vaast, par Loriquet. 6 broch. av. pl.

Beaux-Arts

594. **Biographies** et œuvres d'artistes. Julien Boutry, par Cardevacque, portrait. — Exposition de ses œuvres, 1897. — Notice sur Philippe Cayeux, sculpteur (1688-1768), par Advielle. — Tableaux de Gustave Colin, 1879 et 1882, 1890, 1892. — Daverdoing et Demory, par Le Gentil. 9 brochures in-8.

595. **Id.** Demory, par Le Gentil. — Exposition 1896. — Desavary, extrait du Panthéon arrageois. — Œuvres. — Dominique Donere, par Le Gentil. — L'atelier de Dourlens (1856-1886). — Xavier Dourlens, par L. Viltart. — Ventes (1888). — Exposition de Marie Duhem. 1 vol. et 8 broch. in-8.

596. **Idem.** Œuvres de Dubois, peintre. — Constant Dutilleux, par Le Gentil et Gustave Colin. — L'atelier de Dutilleux,

par Le Gentil. — Dutilleux (extrait du Panthéon douaisien). — Notice par de Cardevacque. 2 vol. et 4 br., in-8.

597. **Id.** Dutilleux, par Colin. — L'atelier de D. par Le Gentil. — Edifices et œuvres d'art, de A. Grigny, architecte (1866). Exposition de de Retz (1896). — Thépault, peintre, par Viltart. 1 vol. et 5 br. in-8.

598. **Id.** Cayeux, par Advielle, Colin, Dourlens, Daverdoing, par Le Gentil. — Dubois, Donere, par Le Gentil. — Grigny. 1 vol. et 8 br. in-8.

599. **Idem.** Cayeux, par Advielle. — Daverdoingt, par Le Gentil. — Dubois, Dutilleux, par G. Colin. — Dourlens. 2 vol. et 3 br. in-8.

600. **Les artistes artésiens et flamands,** aux salons de 1875, 1880, 1881, 1883, 1884, 1885 (expos. Alph. de Neuville), 1886, 1887, 1888, 1890, 1902. — Nos artistes du Nord et du P.-de-C. par Dubron. *Douai*, 1890, 84 p.— 14 broch. in-8.

601. **Arras-Beaux-Arts.** Salon 1833. — Catalogue et discours de l'exposition, 1868. — Exposition rétrosp., 1896. — Union artistique, 1897. — Exposition rétrosp. et moderne 1873. — Les Artésiens au Salon de 1884-1885. — Advielle : portraits arrageois du Musée d'Angers : 9 vol. et brochure.

602. **Expositions d'Arras** (1833, 1868, 1869). L'art chrétien à l'exposition de Malines, par Van Drival. 9 br. in-8.

603. **Musée.** Annales du Musée (1879). — Catalogue 1838 et 1880. — Notice des tableaux 1864. — Momies péruviennes du Musée d'Arras par Van Drival. 8 vol. et br. in-8.

604. **Catalogues** de vente de tableaux, meubles, etc. (1870-1900), 53 br. (collections de Cardevacque, Deusy, Finet, Petit.

604. **Congrès** scientifique de France. Vingtième session (1853) — des Sociétés savantes (Arras, juillet, 1904). *Arras, Topino, Rohart*, 1854-1905, 3 vol. et 1 br. in-8.

606. **Congrès** scientifique et archéol. de France tenu à Arras en 1853 et 1880. — Relation de ce dernier, par le Comte de Marsy. 3 vol. in-8, 394-424 et 600 p. et 2 br. 16 p.

607. **Congrès** scient. de France. Arras, 1853, avec les Bulletins nos 1, 2, 3. Suppl. nos 3, 4, 5 ; suppl. nos 5, 6, 7, 9 ; suppl. no 9. — Les Assises scient. du Nord de la France (Arras, 2 déc. 1857), par d'Héricourt, 2 vol. et broch. in-4 et in-8.

Inst. Publique — Collèges — Bibl. Académie — Fêtes

608. **Arras**. Instr. publ. Collège des Jésuites le Coll. de St. Vaast, à Douai, par de Cardevacque. — L'École de médecine, par le Dr Germe. — Notice sur les bat. du Collège. — École secondaire de Fauchison ; distribution des prix, 8 fructidor an XIII. *Arras-Douai*, 7 br. in-8, av. pl.

609. **Collège d'Arras.** Distribution des prix. Palmarès, 1871, 1880, 1887, 1886, 1895. — École de musique (1895-1905). — Institution St-Joseph (1893). 1 vol. relié et 12 broch.

610. **Catalogue** des ms. de la Bibl. d'A., 1860, 703 p. — Tables de concordance des numéros des anciens et nouveaux ms., 77 p. — Codices Manus. in Bibliotheca Sti Vedasti 1828 (par sir Thomas Philipps.), 76 pages. — Notice sur un ms. de la Bibl. d'Arras, par d'Héricourt. — Études sur divers manuscrits d'A.,par le Baron de Reiffenberg, 1 vol. et 5 broch. in-8.

611. **Wicquot**. Catal. Méth. de la Bibl. d'Arras. Imprimés. *Arras, Sueur*, 1885-1890, 4 vol. in-8. — Catal. des livres impr. et ms. divisés en 5 classes. *Arras*, 1879, 36 p. in-8.

612. **Les Archives** du P.-de-C. — Archives Révolut. du P.-de-C. classement, par Loriquet. *Arras, Répessé et Rohart*, 1888-1893, 2 br. in-8, 41 et 100 p.

613. **Catalogue** des pièces, recueillies par Ferdinand Dubois de Fosseux, secr. perp. de l'Acad. d'Arras (Bibl. Laroche, Arras). *S. l. n. d.*, in-8, 160 p., papier vergé, *très rare*.

614. **Académie d'Arras**. Mém. (1818). — Disc. par M. Gosse, en séance publ. (1777). — Mon Rêve ou les Immortels, par Gosse, 1780). — Origines de l'Acad., par Louis Cavrois. — Les Fondateurs de l'Ac. par de Cardevacque. — Voyage autour de mon fauteuil, par le même. — Fêtes du Centenaire (1874), 8 broch. in-8.

615. **Discours** sur la connoissance et l'application des talents, par l'abbé Jacquin, de l'Ac. d'A. — Gosse. Mon Rêve, 1780. *Paris*, *Duchesne*, 1760, 2 br. 56 et 23 p.

616. Van Drival. Hist. de l'Académie d'Arras, avec supplt. par le même. *Arras*, *Courtin*, 1872, 2 vol. in-8.

617. **Du Chastelet,** chanoine de la cath. Discours : rétabl. du culte, anniversaire de la fête de l'Empereur, victoires, annivers. du sacre. *Arras*, *Leclercq-Camiez*, 1806, in-8, 32 p.

618. **Arras.** Fêtes. Tournoi de 1841 ; — hist. d'Arras, par les chansons ; — la Chanson et notice sur Pamart, Pignon, Kopp, etc., etc. 20 pièces in-8.

619. **Id.** Arras-Revue (par V. Barbier et Vaillant) ; — patois artésien par Advielle ; — hist. d'Arras de 1812 à nos jours ; la Chanson avec dessins inéd., lot de chansons (53 n[os]) de 1843 à 1905) — l'Arbre de Noël à Arras.

620. **Id.** Programmes et chansons patoises, par Pamart, Pignon, Parfait, Maniez, V. Barbier, 1812-1906. 200 pièces.

621. **Id.** Autre lot, 1817-1906.

622. **Id.** Autre lot, 1817-1905.

623. **Id.** 1856-1869. — Autre lot avec la ducasse de Ste-Catherine, 19 pièces.

624. **Mœurs,** cout., etc. Arras à Table. — Nos rosières. — l'Arbre de la Liberté. — Anniv. de juillet en 1833. — 2e Banquet-réformiste de 1847, etc., par Acremant, de Cardevacque, etc. — Advielle. Du midi de la France au nord de la Belgique, 1863, tiré à 60 exemplaires — 9 broch. in-8 et in-12.

625. **La Foire d'Arras,** 1887, 29 p. — Le Cabaret à Arras à travers les siècles (1884, 48 p). — Arras à Table (1886, 162 p.). — La fête des Rois, par de Cardevacque. 4 pièces in-8.

626. **Visite à Arras** (Histor. monum., M.-St-Éloi, Achicourt, etc., par Martin. — Guide du visiteur par E. Segaud. *Paris-Arras*, 2 vol. in-12.

627. **Héricourt** (d'.) et **Caron.** — Rech. sur les livres impr. à Arras, depuis l'orig. de l'Impr. — (1re et 3e partie). *Arras*,

Courtin, 1851 et 1855. — Bauldrain, Dacquin, 1er impr. de la prov. d'Artois, par Advielle. *Abbeville*, 1893, 3 br. in-8.

628. **Instr. abrégée** sur les mesures déduites de la grandeur de la Terre uniforme pour toute la Républ. et sur les calculs relat. à leur divis. décimale, par la Commiss. temp. des Poids et Mes. républicaine. *Arras, impr. des Associés, rue du Saumon*, an II. — Rech. sur les livres impr. à Arras, 1re partie. *Arras*, 1851, 2 vol. in-8.

629. **Lamy**. Manuel métrique du dép. du P.-de-C., contenant des tables comparatives des anciennes mesures avec les nouvelles, des tarifs pour déterminer les prix. *Arras, Déprez*, an XI (1803), in-8, 264 p.

Biographies

630. **Biographies**. Advielle et ses travaux. — Acremant-Rivaux. — Mémoire à la Cour de Douai, pour Mad. Arnouts par Le Gentil (*Arras, Brissy*, 1856, 65 p.) — Bacuez (1892), dir. St-Sulpice. — François Balduin, d'Arras, jurisconsulte (1520-1573), par Wicquot, in-8, 189 p., 1 vol. et 5 br.

631. **Id**. F. Balduin, d'Arras, plan d'une hist. univ. etc... par Wicquot (*Arras*, 1852, 241 p. in-8). — Diéval (1896). — Ant. de Beaulaincourt, roi d'Armes de la Toison d'or (1550-1561), par de Linas. — L'abbé Bécourt, ex-curé de Dugny (1871). — Abel Bergaigne (1888); inaugurat. du mon. à Vimy. — Bernard-Billet, avocat (1868), par Le Gentil. — De Boiry, vicaire gén. — Mémoire au Conseil d'État de l'abbé Bourrel, curé de Bapaume, appel comme d'abus, 78 pages in-8.

632. **Id.** Ferdin. de Cardevacque (1572-1614). — Cavrois. Biographie des généraux Cavr., 1884, 174 p. in-8 avec portr. — Maurice Colin, 1879, in-4, 64 p., par Le Gentil. — Auguste Cot. 1889. — Cottel, Crespel-Dellisse, fond. de la sucrerie indigène, par Parenty (*Arras*, 1868, 118 p.). — Abbé Crèvecœur, 10 vol. et br.

633. **Id.** Hector Decomble (1891), par Rambure—Dauchez à ses enfants (in-8, 79 p., 1864). — Dauchez (1751-1823), par A. J. Paris, 1882, in-8, 65 p. — Davaine, ingénieur en chef (1864).

— Dehée, 1867. — Gustave Dellisse, avec portr., 1889, 82 p. in-8. — Deramecourt. — Dom Devienne à Dom Carrière (1784, 8 pages). Du même. Mém. sur les moyens de terminer les troubles de la Congr. de St-Maur, 1780, 8 p. — Dubois, chanoine (1868), par Robitaille. — Affaire Duflos, assassinat du garde Godon, évasion, 1869, 14 p. in-8.

934. **Id.** *Autre lot.* Advielle, Bacuez, Diéval, Beaulaincourt, de Boiry, Bergaigne, Cavrois, Cot, Cottel, Davaine, Deramecourt, Devienne, Duflos, 14 vol. et br.

635. **Id.** Docteur Dusart (1887). — Achille Durieux (1893). Cambrai, 29 p., avec bibliogr. et portr. — Dr Leconte d'Inchy (1886). — Abbé Fréchon — Gamot, avocat, 1865, par Parenty. — Souvenir du chevalier de Gantès (1788, in-4, 4 p.). — Gardin (1890), par Legentil. — Halluin (1896), par Rohart. — Harbaville, par Van Drival. — Harduin (1718-1785), secr. perp. de l'Acad. d'Arras, avec bibliogr., par Laroche, in-8, 37 p. — Charles Hary, (1868), par Brasme. — Le baron de Hautecloque, par de Sède (1872, in-8, 69 p.) 13 br. in-8.

636. **Id.** Le marquis d'Havrincourt, 70 p. avec bibliogr. — D'Héricourt (1872), par Van Drival. — Hermand (1844), vicaire de St-Géry. — Chanoine Hollebecque (1894), par Cavrois. — Mémoire pour Houliez, contre Lallart, touchant l'interprétation du mot postérité, par Le Gentil, 41 p., in-4, par Tierny. — L'abbé Hubert (1892), direct. du Petit Séminaire. — Lallart de Lebucquière (1883), in-8, 49 p. avec portr. — L'abbé Lallart (1830). — Amédée Lallier (1883), par de Cardevacque. — Lecesne (1895), par Acremant. — Legay (1760-1823), fondat. des Rosatis d'Arras. 11 broch., in-4 et in-8.

637. **Id.** M. Lenglet, par E. T. (*Douai, Adam*, 82 p. in-8. — Le chanoine Le Gentil. — Leloup. — Notice sur Charles de l'Ecluse, 1526-1609, par de Cardevacque, avec bibliographie, 37 p. in-8. — Liborel, avocat (1739-1829), par Paris (1879), 91 p. in-8. — Vie et travaux de Ch. de Linas, par de Cardevacque (1888). — Mathon, sculpteur, par V. Barbier ; le frère J.-B. Meugnier, par d'Héricourt. — Mofait, archiprêtre. *Arras, Bradier*, 1870, 93 p., in-12. — Morel, curé de Courcelles-le-Comte (1843). — Lettres inédites de Anne d'Osmond, mar-

quise d'Havrincourt et de M. Jeanne d'Aumale (1721-1724). *Arras*, 1875, *Courtin*, 104 p. — 11 br.

638. **Id.** Dusart, De Gantès, Gardin, Hary, B. de Hauteclocque, Hermand, Lallier, Lecesne, Leloup, de l'Escluse, de Linas. 11 br., in-8.

639. **Id.** Parenty, vic. gén. — Paris (1826-1896), 39 et 62 p. — Payen, curé de Blairville (1844).— Philis. secr. gén. de la Préfecture (1853) et René Piéron, député (1857), par Billet. — Edouard Plouvier, par d'Héricourt (1879). — Quéroy (1889), par Cardevacque. — Rambure, vic. général (1878). — Robitaille (1886), par Mallortie.

640. **Id.** Morel, d'Osmond, Parenty, Payen, Philis, Piéron, Queroy, Rambure, 9 br. in-8.

641. **Id.** Vers à Rohart, par V. Barbier (1901).— Charles Robert, 1888, par Dancoisne. — Saudemont, 1888 — de Sède (1888) par Cardevacque. — Taffin, curé de St-Nicolas (1898) avec fêtes jubilaires. — Vie et travaux d'Aug. Terninck, par Cardevacque (1888). — Discours, par Cavrois. — Thelliers de Sars (1868), par Laroche. — Le chanoine Stalin (1900), par Rambure, avec portr. *Arras, Sueur*, in-8, 121 p., 10 br. in-8.

642. **Coup d'œil rétrospectif** sur les relations de C.-F. Théry, libraire à Arras, et Dadier, principal du Collège de Sibiville (1849-1854). *Arras*, *Le Mall*, in-12, 20 p., 16 p., 40 p.

643. **Id.** L'abbé Tondelier (1885), curé de Neuville St-Vaast. — Aug. Trannoy (1895), par Cardevacque. — Dr Trannoy (1899). — Jean de la Vacquerie, conseiller d'Arras (15e siècle), par Cavrois, Paris, 1872, 81 p). — Vie et travaux. Notices sur Van Drival, 1887, par Cardevacque et Mallortie. — Général Véron de Bellecourt, extrait du Panthéon de la Légion d'honneur. — Le chanoine Wallart (Cambrai 1846). — Général Wartelle (1890). — L'abbé Dissaux (1854), 13 br. in-8.

644. **Id.** Rohart, de Sède, Taffin, Terninck, Jean de la Vacquerie, Van Drival et Dissaux, 11 broch.

645. **Id.** Hary, Lallier, de l'Escluse, Parenty, Taffin, Terninck, Van Drival, 9 br. in-8.

Auteurs locaux

646. **Ernest Acremant.** Tribunaux de commerce, thèse, 1872. — De Paris à Naples, souvenirs de l'Italie en 1852, par Jules d'Aoust. — Benard., rétabl. des maîtrises et corporations et sur la nécessité de limiter les attrib des commissaires priseurs. (*Arras*, 1823, in-4, 18 p.). — Turgot. — Instruct. des sourds-muets et coup d'œil sur les Conseils de Préfecture, par Billet (*Arras*, 1834). — Discours de Blanquart de Bailleul (1824). — Braine, revision du cadastre, égalité proport. de l'impôt, 10 vol. et br.

647. **Advielle.** Duchesse de Fontanges, Les St-Aubin, le Dauphiné, Vichy, M. Malorey, Alfred de Courtois, les sculpteurs Bonnet, général Merle Beaulieu, les calligraphes Bernard, Nicolas Poussin et sa famille, 11 vol. et broch.

648. **Advielle.** Administ. en Savoie. — Bréviaire des droits du dauphin de Viennois. — Dauphiné, Empire ottoman, de Lorient à Surate en 1698. — Le Divorce. — La Bibl. de Napol. à St-Hélène. — Un Maître de pension au 18e. — Du bénéfice cure en Savoie. — De Champeaux à Meaux en 1785. — L'Hôpital d'Aubrac. — L'abbé Prompsault. — Arr. de Pont-Audemer. — Causeries dauphinoises. 15 vol. et broch.

649. **Advielle** (Victor). Bonnuet, Beaulieu, Bernard, Poussin, Dauphine, Surate, Napoléon, Prompsault. 9 v. et br. in-8.

650. Eugène Bloquel, thèse (1873). — François Blondel, précis de cosmogonie (1894). — Jacques Bonsens, l'artésien à son ami Morin (20 fév. 1834), 32 p. in-8. — Charles Boucher, 1880, thèse, droit. — Boutry (paix sociale, cercles cath., justice, loi, morale, solid. humaine, etc). — 15 broch. et vol.

651. Broy, thèse, droit, 1859. — Bultel, fastes du drapeau tricolore. — Bunoust, vues philanthr. sur l'abus des enterr. précipités, précautions à prendre pour que les vivants ne soient pas confondus avec les morts. *Arras*, *Tierny*, 1826, 150 p. — Maurice Blanchard, les Castillanes, poésies. — Georges Barbier. Des pactes sur succession futures, thèse de droit, 1879. — Georges Barbier, thèse, droit, 1876. —

Constant Cabuil, thèse, droit, 1872. — Barbezieux et ses seigneurs, par Cavrois. — Huées (poésies, par Gustave Colin, peintre. *Pau, Imp. Veronen*, 1871, 69 p. — 10 vol. et br. in-8.

652. **Id.** Debout, Jeanne d'Arc, thèse de théologie, discours, appréciation du duc de Bedford, sur Jeanne d'Arc. — Frédéric Degeorge : les Femmes poètes fr. du 19e s., et Feuilles d'Automne, poésies 1859. *Arras, Souquet*, 1832, 40 p. — Demory, décadence de la peinture religieuse. — d'Heilly, secrétaire de mairie. — Dubron, causerie, prologue, en vers, 1893. — Deconinck, Deusy, de Diesbach. — Develle, d'Arras, et Devémy, thèses de droit, 1868 et 1876 — 17 vol. et br.

653. **Chansons de F.-X. Dubuisson**, instituteur à Hendecourt, *Arras, Gorilliot*, 1836, 24 p. — François Dumey : thèse de droit. — Durlin, David : de la péremption. — Debout : St-Vincent de Paul. — Dehay : le Sucre exotique et le Sucre indigène, 1839, 340 p. — Thèses de droit de Charles Delamme, Paul Delaporte et Ed. Delétoille. — Deusy : crédit agricole, et syndicats agricoles. *Arras*, 1869, 12 vol. et br.

654. **L'Avare** et **Georges Dandin**, comédies de Molière mises en vers par Esnault (*Arras*, 1845-1853). — Evrard : revision du cadastre. — Florent Lefebvre : puissance de la religion, 1848. — Organisation de l'enseignement agricole (1868). — Fanien, curé de Lagnicourt : le Pèlerin. — Gautier, économe des hospices : bureaux de bienfaisance et enfants trouvés. — De Ginoux : Eléonore Gordon. — Graux, député : les Conventions avec les gr. Cies, 1883. — Derby (Grardel). En liberté, impressions de voyage. — Grigny : édifices religieux. — Grimbert (de la loi sur l'usure). *Douai*, 1835. — 14 vol. et br.

655. **Bernard d'Arras**, capucin. Le ministère primitif de la pénitence. *Paris, Claude Hérissant*, 1852, in-8 et in-4 rel.

656. **Clusius.** Caroli Clusi Atrebatis, impp. caess. augg. Maximiliani II, Rudolphi II, Aulæ quondam familiaris, rariarum plantarum historia. (nombr. illustr. sur bois). Fungorum in Pannoniis observatorum brevis historia — Honorii Belli Vicentini medici Cydoniensis in Creta Insula ad Clusium aliquot epistolæ de rarioribus quibusdam plantis agentes. — Thobias Roelsius, Medioburgensis Medicus ad Clusium epis-

tolae. — Plantae seu simplicia quae in Baldo Monte et in via ab Verona ad Baldum reperiuntur a Johanne Pona pharmacopaeo Veronensi. *Anvers, Maison Plantin, Jean Moretus*, 1601, gr. in-f°, 364-CCCXLVIII p., *très rare*

657 **Deleville** (Nicolas). atrebatis religiosi Cælestini Poemata cælestina, avec des vers de Charles de Vignacourt. *Louvain, Pierre van der Heyden*, in-8, 1646. 256 f. rel. temps.

658. **Gazet** (Alard), moine de St-Vaast. Johannis Cassiani opera omnia, dédié à Philippe Caverel, abbé de St-Vaast. *Douai, Balthazar Bellier*, 1616, in-8, 591 p., relié, frontisp. orné.

659. **Gazet.** Pia Hilaria R. P. Angelini Gazaei e societate Jesu Atrebatis, nouvelle édition. *Anvers, Plantin, Balthazar Moret*, rel. veau blanc, 1629, in-12, 310 p. *rare*.

660. **Melusine**, par Jean d'Arras, nouvelle édition, avec une préface de Brunet. *Paris, Jannet*, 1854, 432 p. in-8.

661. **Hamille.** Doctrine chrétienne. — Harlé fils, député : négoc. des effets. — Impôt sur les rentes à créer (1833). — Hautcœur : instit. académiques. — Discours du marquis d'Havrincourt, député, 1850-1865. — Houdiard : traité d'arithm. — Grardel : en liberté. 12 vol. et broch.

662. **Héricourt** (d'). L'Analyse, revue mensuelle des instit. scient., litt., artistiques et agricoles de la France et de l'étranger. Tome Ier en 13 brochures. — Rapports sur les public. acad., 1853-1860, — 15 broch. in-8.

663. **Leloup.** La situat. pol. en 1889. — De Linas : Histoire du travail à l'Expos. de 1867, 361 p. in-8. — Maniez. : notes sur la crise agricole, 1881. — Salmigondis par un maraîcher (*Arras*, déc. 1840). — De Montigny : terrains communaux, 1850. — Pinta, nouv. culture du blé. *Arras*, 1880. — Projet Provins (avril 1886) sur les sucres étrangers. — De Rambuteau. — Parisis : les imposs. ou les libres-penseurs désavoués par le simple bon sens. — Périn : de l'action directe contre la propriété ; un cas de contrainte par corps (1704). — Parenty : fluides pesants. — Paris, discours. — 15 vol. et br.

664. **Robitaille.** Neuvaines, vacances sanctifiées, immaculée conception, loi Falloux. — Rohart, thèses de théol., 1886. —

Répécaud, col. du génie, Napoléon à Ligny et le maréchal Ney à 4 bras. — La Monarchie en mai 1834 et la Républ. par Servatius (électeur du P.-de-C.). *Arras, Tierny*, 59 p. — Saumade : l'initiateur militaire. — De Sède : le choix des maires, suppr. du timbre des journaux. — de Sombrin : reflets sur l'état du clergé (*Arras, Leclercq*, in-8, 16 p.). 12 vol. et br.

665. **Proyart** (abbé). Vie d'Orléans de la Motte, év. d'Amiens (1788, 338 p.). — Vie du dauphin, père de Louis XVI, 1781, 438 et nouv. éd., 72 p. avec portrait. 2 vol. in-8.

666. **Lenglet** (E.-G.). Histoire de l'Europe et des colonies europ. depuis la guerre de 7 ans jusqu'à la Révolution de juillet 1830. *Douai, Vve Adam*, 1838-1840, 7 vol. in-8.

667. **A. Stiévenart** : question du Nord-Est. — Lucien Lenglet : l'homme et sa destinée, 1863, 598 p. — Florent Lefebvre : enseign. agricole. — Lecesne : suppr. des Cons. de Préf. — Lettres de Louis le Dieu sur les aff. étr. depuis juillet 1830 (1831). — Leloup : la soc. actuelle au point de vue écon., — pol. en 1889, — socialisme actuel, crise économ. — M. Lenglet : mém. sur organis. de l'univers. *Bapaume*, juin 1837. — Emile Lesueur : les Assoc. agric. en Tunisie. — Le Sergeant de Bayenghen. Discours. juillet 1828. 12 vol. et br.

668. **Van Drival** : formes de la poésie chez peuples anciens ; peinture sur verre ; la sainte messe — hist. de Charlemagne, du symbolisme dans le culte et l'art. — une énigme historique, — tombeau de Josué et couteaux de pierre ; — de Goer de Herve ; — gramm. comparée des langues bibliques, — origine de l'Ecriture, — les Textes sacrés, — origine du langage, — gramm. comp. des langues sémitiques. 13 vol. et br.

669. **Thèses de droit** (*Douai, Lille, Paris*). Barbier, 1876 et 1879, Cabuil, 1872, Fardel, 1880, Gerbore (soc. de secours mutuels), 1890 ; René G., 1877 ; — Charles Hallo, avril 1838 ; — Hardouin (régime des eaux non navig.), 1865 ; — Hay, 1846 ; — Paul Henry (1873) ; — d'Héricourt (1865) ; — Izambard (1869) ; — Lecesne (impôt foncier, 1862) ; — Leconte, 1863 ; — Louis Lefebvre (1878) ; — Legentil (1842). 16 vol.

670. **Thèses de droit.** Lenglet Ad., 1875, — Ed. Letévez, 1869 ; — Louis Morel, 1869 ; — Alb. de Mallortie, 1872 ; — Monvoi-

sin (1857) ; — Périn (1861) ; — H. C. Renard, (1862) ; — Théry (1878) ; — Alf. Tierny (1870) ; — Topart (1877) ; — Trannoy (1868) ; — Noël Trannin, (1879); — Warnier (1877) ; — Vaillant (1863), 14 vol.

671. **Thèses de droit** : Barbier, Gerbore, Hallo, Izambard, Renard, Lefebvre, Lecesne, Lenglet, Legentil, Letévez, Tierny, Topart. 13 vol. in-8.

672. **Médecine** : Germe, enseign. supér. de la médecine; albuminerie, 1864 ; — Ledieu, organ. du service de santé ; — Lestocquoy ; — Maurice : hygiène et morale ; — Plouviez : philos. médicale ; — Serré : le charlatanisme en médecine ; — Viseur : morve, rage, phthisie tuberculeuse ; — thèses de doctorat de Flour, Leviez, Trannin et Vaillant. 14 vol. et br.

673. **Poètes locaux** : Barbier, épître au baron Dard, tirée à 5 ex. — Dubron : fanfare des enfants de Gayant. — Dubuisson : chansons, 1836. — Gervois de Liencourt : l'épidémie du jour et la bonne République, 1877. — Jourdan de Seulle : Meyerbeer. — Hymne de Riégo, paroles de Lagrange, détenu politique à Doullens, mus. de Bertrand, chef d'orch. de la soc. philharmon. d'Arras, nov. 1836. — Massy : Loin des Cités (1899) ; Au pays des carillons ; Actions de grâces à Minerve ; Loin des Cités (1905) ; La vie au Lycée ; — Petit, curé de Bailleul : Des malheurs causés par la loterie. *Arras, Tierny*, vers 1830. — 12 vol. et br.

674. **Poètes locaux** : Th. Renauld : en Ardenne ; — Eugène de Sars : Trente ans après ; Intérieurs et paysages ; Monde et patrie ; poëmes orientaux ; — Louis Ledieu : Hommage à Jacques Delille (1813) ; — De Wailly : La Lyre antique. *Arras, Topino*, 1855 ; Charles Weber, 1894. — 8 vol. et br.

675. **Id.** Ledieu, Massy, Renauld. 8 vol. et br. in-8.

676. **Legay**. Mes Souvenirs (recueil de poésies). Pays de Vaux. *Caen* et *Paris*, 1786. in-12, 184 p., front. orné, très rare.

677. **Legay.** Mes souvenirs et autres opuscules poétiques, nouv. éd. ornée de figure. 1re partie, Mes souvenirs et Pièces lues ou chantées sous le berceau des roses. — 2e partie : La matrone d'Ephèse, contes, épîtres, fables. Pays de Vaud. *Caen* et *Paris*, 1788. in-12, 214 et 213, 1 vol. relié.

678. Autre ex. 1788. Mes souvenirs et Pièces lues, fr. orné.

679. **Legay** : Mes souvenirs et autres opusc. poétiques. 3e édition. *Paris, Louis Janet*, 1819, in-16, 295 p.

680. **Les Délassements** d'un paresseux, par un C. R. d'E. A. C. D. L., membre de la Soc. anacréontique des Rosati d'Arras (attribué à Legay). *A Pigritiopolis et à Lille, chez Vanackere*, in-16, 1790, 225 p., rel. maroquin, tr. or.

681. **Guillemand**. Petite causerie du lundi. *Arras*, 1877. — Emile Ormel (Morel). En détresse ! *Arras, Boyau*, 1902, 195 p. — Boutry : petits livres pour le temps présent (10). — Bunoust : Enterrements précipités, 1826. — Deusy : crédit agricole. — Pinta : culture du blé. — Florent Lefebvre : puissance de la religion. — Leloup : crise écononi. — Harlé : impôt sur la rente, 1853. — 19 vol. et br.

682. **Gazet**. Angelin, S. J. Pia Hilaria, nouv. édit. *Anvers, Plantin-Morel*, 1629, 311 pages in-12, reliure parch., fer. armoirie.

683. **Histoire** de l'admin. municip. de la ville d'Arras jq. nos jours, 144 p. in-8. — Installation des maire et adjoints, discours, 1826. — Etat des finances, 1870. — Garde nationale : exercice et revues, 1831 et 1850. 1 vol. et 4 br.

684. **Etablissement des eaux**, 1866. — Éclairage, 1828-1854. — Travaux communaux, 1869. — Abattoir (1844-1851), avec plan. — Abreuvoir de St-Aubert (1843). — Constr. de l'église de Cité, 1842. — Règl. du Mont de Piété, 1852. — Notice sur l'orig. des Monts de Piété et not. celui d'Arras, par Dujat-Libersalle, 1867, 22 p. in-4. — Perrin-Paviot : Essai sur la statistique du marché aux grains de 1816 à 1845, 46 p. — Règl. du marché aux grains (1807). — Affaire du moulin de poterne. — 17 broch. in-4 et in-8.

685. **Octroi** : règlements (1837-1877) ; — octroi munic. et de bienfaisance (an VIII). Compte gén. du directeur, ans VIII et IX. 12 br. in-4 et in-8.

686. **École** prép. de médec. et de pharm., rentrées solennelles, 1852-1855. — Dr Germe : L'Ecole de méd. devant le Conseil municipal, 1881, in-8, 160 p. 1 vol. et 4 br.

687. **Sucres** : Deusy : de l'établ. d'un entrepôt municipal à Arras, 1867. — Projets d'une raffinerie centr. (1860). — Sucres étrangers, import. et export., 1848. — Impôt sur le sucre indigène, 1841. — Question des s. (1850). — S. indigène. Appel de l'agricult. aux cons. gén. des dép., 1836. — 6 br.

688. **Graines** oléagineuses. Sésame. Mém. adressés au min. du commerce par les fabric. d'huile du P.-de-C. — Notices et mémoires, 1844 et 1845. 5 br. in-4.

689. **Emprunt** munic., 1864. — Caisse commerciale, 1858. — Caisse d'ép., 1856. — Tableau des opér. 1834-1844. — Caisse artés., Minart et Cie, 1857. — Caisse d'escompte d'Arras, 1853. — 12 br. in-4 et in-8.

690. **Chambre de commerce** (circulat. monét. et fiduc., situat. industr., mes. de capacité, portes et fenêtres), 1848-1866. — Les industriels d'Arras au préfet Fresneau, 1850, 33 p. — **Mendicité** : mémoire de Thibault, avoué à Arras, 1824. — **Hospices** civils (1831-1859). — **Bienfaisance** : maison de refuge, loteries. Soc. de St-Vincent de Paul. 17 br. in-4 et in-8.

691. **Cercle** artésien, statuts, 1856, 1863. — Soc. des voit. publiques. — Union artés. (1866). — Expos. agricole et industr. 1873. — Musée, statuts et règl., 1862-1879. — 8 br. in-8.

692. **Aff. politiques**. procès. Semaine de juillet 1830. — Pétition de Souquet, imp. à Arras, contre le préfet Talleyrand, 1831. — Conduite adm. du préfet. — Procès du Charivari. — Cour d'assises, affaires du Propagateur. — 7 br. in-8.

ARRONDISSEMENT D'ARRAS

693. **Ablain-St-Nazaire**. Notices par d'Héricourt, Terninck et Delwail. — *St-Pol*, *Planey* et *Arras*, 1841-1890, 4 broch. av. pl.

694. **Les Soirées d'Achicourt** ou le protest. converti... par un jardinier. *Arras*, *Brissy*, 1839. — Onzième compte-rendu de l'Etablisst. évangélique d'Achicourt. *Arras*, *Degeorge*, 1850. — Acq. Les Pierres d'Acques, par Quenson : *Douai*, *Wagrez*, 1830, — 3 br. in-8 et in-4., pl.

695. **Arrouaise.** Hist. de l'Abbaye et de l'anc. congrég. des chan. régul. d'Arrouaise, par M. Gosse, de l'Ac. d'A. *Lille, L. Danel*, 1786, in-4, 612 et XXV pages, d. rel. v., rare.

696. **Bapaume.** Hist. de la ville de Bap. depuis son orig. jusq. nos jours, par le chan. Bédu (avec le supplt). *Arras, Rousseau-Leroy*, 1865-1867, in-8, fig. — Autre exemplaire.

697. (**Bédu**). Histoire de la Bataille de Bapaume et de l'invasion prussienne dans cette ville et les env., av. carte du th. de la guerre. *Arras, Bradier*, 1872, in-8.

698. **Précis histor.** sur la ville de Bapaume, par Lenglebert, etc. *Arras, Rohard-Courtin*, 1883, in-8.

699. **Avesnes.** Le château de Bellemotte et l'abb. d'Avesnes, par Blondel. *Arras, Répessé-Crépel*, 1889, in-8, av. pl.

700. **Beaurains.** Cottel (Jules-Aimé). Essai histor. sur la commune de Beaurains. *Arras, Soc. P.-de-C.*, 1893, in-8.

701. **Camblin.** Mém. pour le curé de Camblin, contre l'abb. de S. Eloy (réclam. de dîme). *Arras, Pintiau*, 1766, in-12.

702. **Carenci** et ses seigneurs, par A. d'Héricourt. *St-Pol, Warmé*, 1849, in-8.

703. **Lesueur de Moriamé.** Histoire d'**Étrun.** — L'Abbaye, la Commune. *Arras, Répessé*, 1899, in-8, av. planches.

704. **Écoivres, Étrun, Hamblain, Haute-Avesnes.** Notices par de Cardevacque, d'Héricourt, Terninck. *Arras, St-Pol*, 1839-1878, 4 br. in-8, pl.

705. **Héricourt** (Ch. d'). Titres de la commanderie de Haute-Avesnes, antérieurs à 1312. *Arras, Courtin*, 1878, in-8.

706. **Notice** sur le domaine d'Havrincourt, par le marquis d'Havrincourt. (Hist., organis., sucrerie, bâtim., assolement, amendements, prairies, semis, fenaison, moisson, anim. domest., volailles, comptab., succès de l'entreprise, rendem. etc., etc.). *Paris, Librairie Agricole*, 1868, gr. in-8, avec deux beaux plans coloriés. — Épuisé, rare. — La Terre et le Chât. d'Havrincourt, par A. de Cardevacque. *Arras, Rohard-Courtin, Guiot*, 1898, in-8, pl. photo.

707. **Marœuil.** Histoire de sainte Bertille et de l'abb. de Marœuil, par Parenty, 1847, in-12, 153 p. — Discours lors de la bénédiction de l'église de Monchy-le-Preux. *Arras, Degeorge*. in-4, 8 pages. — La Croix d'**Oisy**, et autres croix anc., par Van Drival. *Paris, Prinquet*, in-8, pl.

708. **Mont-St-Éloi.** Cardevacque. L'abbaye du Mont-St-Éloi, 1068-1792 (avec notice sur le prieuré de N.-D. du Perroy (près Béthune), dépt. de l'abb. du Mont-St-Éloi). *Arras, Alph. Brissy*, 1859, in-4, IV-234 p. av. nombr. planch. d. rel. bas. non rogné. — Autre exemplaire broché, sans les pl.

709. **Loriquet.** Epigraphie des cantons de Vimy et Vitry (avec tables). *Arras*, 1886, in-4 avec planches. — Autre ex.

710. **St-Nicolas, Souchez, Oppy, Vimy, Tilloy-les-Mofflaines, Wailly.** Cimetière ant. de St-Nicolas-lez-Arras. — Vases gallo-romains de Souchez. — Tour et église d'Oppy. — Tumulus de Vimy. — Promenades à Tilloy-L.-M., par Terninck, d'Héricourt, de Cardevacque et Fromentin. 5 br. in-4 et in-8, planches par A. Robaut.

711. **Saternault, Pas, Bertincourt.** Le fief. de Saternault-en-Artois. — Hist. des commnes des cantons de Bertincourt et de Pas-en-Artois, par L. et N. Cavrois. *Arras. Sueur* et *Soc. du P.-de-C.*, 3 br. in-8. grav.

BÉTHUNE ET L'ARRONDISSEMENT

712. **Quarré-Reybourbon.** Hist. de la ville de Béthune, tirée des anc. chron. de Flandre et d'Artois... *Lille, L. Quarré*, 1885, in-18, pap. vergé.

713. **Lequien** (Félix). Notice sur la ville de Béthune. *Béthune, Vve Desavary*, 1838, in-8.

714. **Beghin** (E.). Histoire de la ville de Béthune. *Douai, Dutilleux*, 1874, in-8, av. pl.

715. **Beghin** (Eugène). Béthune en 1813, 1814 et 1815. *Arras, Schoutheer*, 1878, in-8.

716. **Decroos** (P.). Une ville artésienne avant la Révolution (XVIIe et XVIIIe siècle). Béthune. *St-Omer*, 1882, in-8.

717. **Cornet** (Ed.). Histoire de Béthune (t. I. Faits historiques. — t. II. Instit., communautés, monuments). *Béthune, David*, 1892, 2 vol. in-8, av. pl.

718. **Béghin**. Les rues de Béthune (monum., archit., inscript., personnages remarq., etc. *Béthune, David*, 1898, in-8, pl.

719. **Loisne** (de). Les fiefs relevant du château de Béthune. Rech. hist. sur la Ferme du Roi à Béthune, par F. Tantelier, notaire. *Béthune, Abbeville*, 2 br., in-8.

720. **Loisne** (de). Un tarif de frais judic. à Béthune au commenc. du XVIe siècle. — Frais de procès criminel en 1517. — La loi de justice et de coutume du 2 mars 1334. *St-Omer* et *Imp. nat.*, 1892-1901, 3 br. in-8.

721. **Douay**. Histoire généal. des branches de la Maison de Béthune, exist. en Flandre et en Artois (suppl. à la généalogie de la Maison de Béthune d'André Du Chesne en 1639). *Paris*, 1783, in-f°, 162-266 p., continuée jusq. 1818, nombr. portraits, médaill. et blasons en plein texte. *Rare*.

722. **Dancoisne** (L.). Numismatique béthunoise. Rec. histor. de monnaies, méreaux, médailles et jetons de la ville et de l'arrondissement de Béthune. *Arras, Brissy*, 1859, in-8, 27 pl.

723. **Parenty**. Heures chrétiennes à l'usage des confrères de Saint-Eloi et des fidèles. — Les Gloires de Béthune. *Béthune, Desavary et Chatelet*, 1826-1880, 2 br.

724. **Histoire** de la confrérie des Charitables de Saint-Eloi de Béthune, par Béghin. — Notice sur le prieuré de N.-D. du Perroy, par de Cardevacque. — Pierre tombale de Béthune, par Dancoisne. *Arras-Béthune*, 3 br. in-8 et in-4, pl.

725. **Supplément** au travail de la comm. établie à Béthune par le représ. Berlier. (Publ. de la Soc. populaire, contre Lebon et ses agents ; dépositions et ordres d'arrestations, etc.). *Béthune, Van Costenoble*, an III, in-8, 163 p.

726. **Les citoyens** de la com^e de Béthune, réunis en soc. popul., à la Conv. nat. (contre Lebon, Duquesnoy, etc.). *Béthune, Van Costenoble*, an III, in-8, 32 p.

727. **Allouagne** et son pèlerinage, par l'abbé Plique ; — La Ste-Larme, par de Cardevacque. — La pixide d'**Annezin** et la boucle d'**Avesnes-le-Comte**, par Loriquet ; — N.-D. du Mont-Carmel, confrérie et pèler. à Annezin. — Vieux reg. de catholicité (**Ames** et **Verchin**), par Rodière. *Arras-Lille*, 5 br. in-4 et in-12, pl. couleurs.

728. **Histoire** de l'abb. de Chocques, par l'abbé Robert. *St-Omer, Fleury-Lemaire*, 1876, in-8 av. pl.

729. **Courrières.** Le village. Hist. morale, polit. et pittoresque de Courrières, par Breton jeune. *Arras, Jean Degeorge*, 1837, in-8, d.-rel. veau, dos orné. *Rare.*

730. **Essai** historique sur Haillicourt, canton d'Houdain (P.-d.-C.). *Arras, Vve Brissy*, 1874, in-8 à gr. marges, av. pl.

731. **Harnes.** Précis hist. sur la Maison de Harnes (963-1230), suiv. d'une version romane, attribuée à Michel de Harnes, de la chron. du faux Turpin, par A. Demarquette, avocat. *Douai, Adam d'Aubers*, 1856, in-8, pl. par Robaut.

732. **Rech. histor.** sur Hénin-Liétard, par Dancoisne (av. pièces justif. et gloss. *Douai, Ad. Obez*, 1847, gr. in-8, d.-rel. veau, nombr. pl.

733. Autre exemplaire, br., couv.

734. **Hesdigneul-l.-Béthune** : tableaux. — **Lisbourg** : fouilles. — **Lambres** : soc. mutuels. — **Lens** : histoire, par de Loisne, Loriquet, Dancoisne. 4 br. in-8, pl. color. des bijoux de Lens et phototy.

735. **Cavrois** (Louis et Narcisse). Hist. du pays de l'Alleu et des comm. du canton de Laventie. *Arras, Schoutheer*, 1877, in-8.

736. **Dancoisne** (L.). Précis de l'histoire de **Lens** (avec pl. color. des bijoux de Lens et pl. lith.). *Arras, Schoutheer*, 1878, in-8, pap. vergé.

737. **Le Forest** : village, château et seigneurs. — **La Beuvrière** : arrêt concern. la levée du centième (1783). — Vie de S. Vulgan, patron de la ville de **Lens**. 3 broch. et placard.

738. **Van Drival.** Vie abrégée de sainte Isbergue, vierge. — Sainte Isb. (Giselle), fille de Pépin et sœur de Charlemagne, d'après Malbrancq. — Mon. de l'hist. de S.-Isb. 3 pièces.

739. **Oignies.** Visite à l'église. — Rapport à M. le Préfet du P.-de-C. sur la restaur. des pierres tomb. de **Willerval**, par Van Drival et d'Héricourt. *Arras*, 3 broch. in-8, av. pl.

740. **Beghin** (E.). Histoire de la ville de **Saint-Venant**, pour faire suite à l'histoire de la ville de Béthune. *Arras*, *Schoutheer*, 1876, in-8, 79 p.

741. **Amettes.** Fêtes de 1860. — Biographie hist. du pèlerinage d'Amettes, etc., et de Benoît-Joseph Labre. *Arras*, *Lefranc*, *Planque*, *Brissy*, 1855-1873, 11 br. in-8 et in-12.

742. **Saint Yore** (culte à Béthune), par Thobois. — Guarbecque, par d'Hagerue. — Notice sur les fonts baptismaux d'Ames, Blessy et Guarbecque, par de Loisne. *Boulogne-Arras*, 1895-1904, 3 broch. in-8, 35, 7 et 6 pages.

743. **Biographies.** Dancoisne, avec une biographie (par Cardevacque, 1893). — Dellisse-Engrand, ancien maire de Béth. (1880). — Gustave Dellisse, ancien député (1894). — Sépultures et épitaphes de la famille d'Hangouart, par de Loisne. Timothée Menche de Loisne, par Cardevacque (1766-1836). — Jubilé de Vallage aîné, doyen de la confr. des charitables de St Éloi, par Victor Coquidé (1876). — 6 broch. in-4 et in-8.

744. **Idem.** Dancoisne, d'Hangouart, de Loisne, Dubois, peintre, de Laventie (1817-1889), par Viltart, portr. par Alcide Robert. — Louis Delaville, 1763-1841, auteur des terres cuites de Lens avec 13 photogravures (1899). — 7 br.

745. **Idem.** Jules Breton (misères morales ; — les Champs et la Mer — poésies (1844-1875). 1 vol. et br. in-12.

746. **Id.** Cloet, curé d'Annay. Restauration du chant liturg. (Plancy, 1852). — Choix de livres (1861). 1 vol. et br. in-8.

747. **Id.** Rec. de mélodies liturg. (1863) ; — Mém. sur le choix des livres de chant liturgique (1863). 1 vol. et 2 br. in-8.

748. **Id.** Delley (préservation des récoltes du charbon, 1854. — Delory (météorologie) ; Decrombecque. — Lequien (impôt

foncier, 1851). — Lotte (de la force du cœur). — Menche (lettres artésiennes; mém. à l'appui d'une pétition), 1831-1849. — Pruvost-Maréchal, à Lestrem (poésies, 1857). — Spriet (thèse de droit français), 1875. — 10 br. in-8.

BOULOGNE ET L'ARRONDISSEMENT

749. **De l'air,** de la terre et des eaux de Boulogne-s.-M. et des environs, par Desmars, médecin pens. de la ville. *Paris. Vve Denis, Ant. Pierre*, 1761, in-16, d. rel.

750. **Essai** sur l'hist. topogr. physico-médicinale du distr. de B. par le cit. Souquet. *Boulogne, Dolet*, an II, in-16.

751. **Henry**, (adjudt du Génie). Essai historique topograp. et statist. sur l'arrondt. communal de Boulogne-sur-Mer. (déd. au maréchal Soult, duc de Dalmatie). *Boulogne*, 1810, in-4, 347 p. (Manque les pl. et introd.)

752. **Trois voies romaines** du Boulonnais, par Cousin. — Voie romne de Cassel à Boulogne, par J. Lion. — Voies publ. de la ville de Boul., par Deseille, archiviste. — Portus Itius, Vicus Helena, par Courtois, de Beaulaincourt, et Vincent. *Dunkerque, Paris, Boul. et Saint-Omer*, 1859-1883, 6 br. in-8.

753. **Histoire du Boulonnais,** par Hector de Rosny. *Amiens, Yvert*, 1869-1875, 4 vol. in-8.

754. **Les Huguenots** et la Ligue au diocèse de Boulogne, par Lefebvre. *Boulogne, Berger*, 1855, in-12.

755. **Etats généraux de 1789. — Assemblées du Boulonnais :** Cahiers de remontrances et doléances des Trois-Ordres ; cahiers de dol. des paroisses et comm. Préface par F. Farjon, cons. municipal. *Boulogne-s.-Mer, Soc. typo-litho*, 1889, gr. in-4, 628 p. av. tables, cart. toile.

756. **Garnier** (F.), ingr en chef au corps royal des Mines. Mém. sur les rech. entreprises à diff. époques dans le dépt. du P.-de-C. pour y découvrir de nouvelles mines de houille. *Boulogne-s.-M., Le Roy-Berger*, 1828, in-4, 101 p. et 7 pl. gravées, cart., dos orné.

757. **Desmars,** médecin pens. de la ville de Boulogne. — Lettre à M*** sur la mortalité des chiens dans l'année 1763. — Dr Leducq. Développt de la product. du fer et de l'avenir industr. du Bas-Boulonn., par la canalis. de la Liane. *Amsterdam-Boul.*, 1834-1864, 2 br. in-12.

758. **Viseur** (J.). Histoire du Cheval boulonnais. *Arras, Bouvry et Cie*, 1897, in-4, nombr. planches, par J. Viseur, Demont, J. Boutry et Delhaye, couv. illustrée.

759. **Boulogne-sur-Mer et la région Boulonnaise** (offert par la ville de Boulogne aux membres du XXVIIIe Congrès de l'assoc. franç. pour l'avanc. des sciences, réunis à Boul. du 14 au 21 sept. 1899. Nombreux art. par le Dr Hamy, H. Malo, C. Enlart, J. Voisin, J. Gosselet, A. Giart, Dr Aigre, etc. *Boulogne, Soc. Typo*, 1899, in-8, 2 vol. av. nombr. pl.

760. **Bertrand.** Précis de l'hist. physique, civ. et polit. de la ville de Boulogne-sur-Mer et de ses envir. depuis les Morins jusqu'en 1814 (avec la topogr. médic. considér. sur l'hygiène publ. analyse de l'hist. natur du Boul. ; traité des bains de mer, et biogr. des hommes distingués nés dans ce pays). *Boulogne*, 1828-1829, 2 v. in-8, av. pl., demi-rel. v., envoi d'auteur au gén. baron Gourgaud, insp. gén. d'artillerie.

761. **Abot de Bazinghen.** Recherches histor. sur la ville de Boulogne-s.-M. et sur l'anc. prov. du Boulonnais, ouvr. inéd. (publié par le b. Wattier). *Paris, Guyot*, 1822, in-8, dem. rel. v. ex-libr. Henneguier.

762. **Haultefeuille et Bénard.** Hist. de Boulogne-s.-M. *Boulogne, Ch. Aigre*, 1860, 2 vol. in-12.

763. **Morand** (François). L'Année historique de Boulogne-sur-Mer (Rec. de faits et d'événem. intéress. l'hist. de cette ville). *Boulogne, Deligny*, 1859, in-8.

764. **Morand** (François). Chroniques du siège de Boulogne en 1544, ou journal de ce siège en vers, composé par A. Morin. — B. d'Ordre : Le siège de Boul. en 1544, publ. par Marmin. *Paris-Boul.*, 1866 et 1825, 2 br. in-8.

765. **Deseille** (Ernest). Hist. du Journalisme boulonnais, depuis ses origines jusqu'en 1848. — Etude littér. et hist. sur un

ms. boulonnais attribué à X. Bertrand, orator., par Alph. Lefebvre. *Boulogne*, 1866-1887, 2 br. in-8.

765. **Catalogue** des livres manuscrits et imprimés de la Bibliothèque publique de Boulogne. 5 volumes in-8, 1844, 1865, 214, 497, 495, 598 et 396 p.

767. **École Notre-Dame de B.** — Association des Anciens élèves, 1903-1904. *Lille*, *Taffin-Lefort*, in-8, portr. et pl.

768. **Brunet, Chauveau, Lefebvre, Michelant.** Guide dans Boulogne et environs ; — itinér. du chem. de fer de Boul. à St-Omer. — Album de Boul. (dessins de mars). Petit Guide de Boulogne, par Coissonnet. *Boul.*, 4 vol. et 2 br.

769. **La Gorgue-Rosny** (L.-E. de). Rech. généal. sur les comtés de Ponthieu, de Boul., de Guînes et pays circonvoisin. *Boul.*, *C. Le Roy*, 1874-1876, 3 vol. gr. in-8. *Rare*.

770. **Boulogne**. archéologie, fouilles de Brecquerecque ; cloches du beffroy ; armes ; Tour d'Ordre : monnaies ; vases épigraphiés, par Marmin, Morand, Haigneré, Lefebvre, Deschamps de Pas, et Vaillant. *Boulogne-Paris-Arras*, 1829-1887, 7 br. in-8 av. pl.

771. **Id.** Le Grand monumt Egyptien du musée de Boulogne. — Les plombs ou enseignes de pèlerinage et en particulier ceux de N.-D. de Boul. — Quelques médailles de N.-D. de Boul. — Les gravures de N.-D. de Boul. — Le tombeau de Mathieu Ier. — Stat. en bronze de taureaux du musée, par Van Drival, Lefebvre, Rouyer, Haigneré, Vaillant. *Boul.*, *St-Omer*, 1850-1893, — 6 br. in-8, pl.

772. **Musée**. Descriptions 1839 et 1875. — Notice des tableaux (1860). — Catal. d'antiq. mérov. 1863. — Le Sarcophage du Musée, par Haigneré, 1887. — Le mon. fun. égypt., par Van Drival. — Deux peintres boulonnais, Baudren et Joseph Yvart, 1610-1728, par Vaillant (1884, 105 p.). 7 br. in-8.

773. **Boul**., monuments, décorations et pierre monument. ; — colonne du Camp, de la Gde Armée ; — et des Bourbons. — Egl. N.-D., cryptes, tombeaux, par Bertrand ; J. St. Amour ; — A. P. Hédouin, Haigneré. *Boul.*, 1839-1875 ; 10 br. in-12.

774. **Boul.** Bénéd. et pose de la 1re pierre de l'égl. N.-D. — Le phare de Caligula ou Tour d'Ordre. — Boul. monumental. — Les Antiq. du Boul. — La céramique (matériaux ; poteries ; pipes, grès cérames, faïences ; porcelaines). Boul.-s.-M. siège des prem. découv. relat. à l'électricité. — Ferme de la marque des cuirs, par Lefebvre ; C. Enlart ; Deseille. *Boul.-Tours-Paris-Arras*, 1839-1902, — 7 br. in-8, pl.

775. **Rituel** du diocèse de Boulogne, publié par l'évêque de Pressy, en 2 parties. *Boulogne, Battut*, 1750, in-4, 331, 251 p. armes de l'évêque, reliure temps.

776. **Rituel** du diocèse de Boulogne, publié par l'autorité de Mgr de Pressy. *Boul., Ch. Battut*, 1780, in-4, rel. pl.

777. **Idem.** Autre ex. même rel. veau, dos orné.

778. **Statuts synodaux** du diocèse de Boulogne. *Boulogne, P. Battut* (1746), in-4, rel. parch.

779. **Officia** sanctorum insignis ecclesiæ cathedr. et diœcesis Morino — Boloniensis., *Ch. Battut*, 1756, in-16, rel. anc.

780. **Van Drival** (M. l'abbé E.). Histoire des évêques de Boulogne. *Boulogne-s.-Mer, Berger frères*, 1852, gr. in-8.

781. **Haigneré.** Etude sur la vie et les ouvrages de Pressy, évêque de Boulogne. *Arras, Courtin*, 1858, in-8.

782. **Id.**, autre exempl.

783. **Partz de Pressy.** Instructions et mandements. *Boul., Fr. Dolet*, 1786, 2 vol. in-4, rel. veau.

784. **Landrin** (C.), archiviste de Calais. Un Prélat gallican : **Pierre de Langle**, évêque de Boulogne (1644-1724). *Calais, J. Peumery*, 1905, in-8, portr.

785. **Lefebvre** (l'abbé F.-A.). Notice sur trois prêtres boulonnais, supérieurs de la Congrégation du Saint-Esprit. *Boulogne-sur-Mer, Mlle Deligny*, 1893, in-12.

786. **Légendaire** de la Morinie ou vie des saints de l'ancien diocèse de Thérouanne (Ypres, St-Omer, Boulogne). *Boulogne, Berger*, 1850.

787. **Vie** de sainte Godeleine, née à Wierre-Effroy en Boulonnais ; — Vie de sainte Wilgeforte, vierge et martyre ; — Notre-Dame du Saint-Sang ; — Les Reliques de saint Pie ; — par Bracquart, Haigneré, etc. *Boulogne, Le Roy-Mabille, Aigre*, 1844-1887, 4 br. in-12 et in-18.

788. **Le Roy** (Antoine), chanoine et archidiacre de Boulogne. — Histoire de Nostre-Dame de Boulogne. *Boulogne, Pierre Battut*, et *Paris, J. Couterot*, 1682, in-8.

789. **Histoire** abrégée de Nostre-Dame de Boulogne. *Boulogne, P. Battut*, 1704, in-18, rel. anc. — **Leroi** (Antoine). Histoire de Notre-Dame de Boulogne ; 9e édition, suivie de la continuation de cette hist. depuis et y compris la fin du siècle de Louis XIV jusq. 1839 avec pièces justificatives. *Boulogne-s.-M., Le Roy-Mabille*, 1839, in-8, demi-rel.

790. **Haigneré**. Histoire de N.-D. de Boulogne, 2e édition. *Arras, Rousseau-Leroy*, in-12, av. tables.

791. **Boulogne** religieux, par le chn Jonequel, doyen de St-Nicolas. *Boul.*, 1899. — Extrait du rituel de Boulogne. *Boulogne, Pierre Batut*, 1751, in-8, 197 p.

792. **Boulogne**. Broch. sur N.-D. de Boul. — Egl. de Capécure. — Anc. familles protestantes ; — par George, Haigneré, Rodière, etc. *Paris-Boul.*, 1857-1904 — 6 br.

793. **Rodière** (Roger). Supplément au cartulaire des Établissements religieux et civils du Boulonnais. I. Chartes div. II. La cout. de Beuvrequen. *Boulogne, Hamain*, 1902-05, in-8.

794. **Le siège** de Boulogne en 1544, poème par le baron d'Ordre. — Terrier boulonnais ou état des propriétés communales de Boulogne. — Documents relatifs à la construction de l'Hospice communal. — Brunet, garde de Boulogne en 1836. — Église de Capécure. 1 vol. relié et 4 broch. in-8, 1825, 1875-1883, avec pl., 154, 135, 21 et 78 pages.

795. **Biographies**. Barbe. Du lieu de naissance de Godefroi de Bouillon à propos d'un projet de mon. à Boul. (*Boul.*, 1855, in-8, 126 p.). — Nouveaux éclaircissements (*Id.*, 1858, in-8, 139 p.). — Projet de statue sur la place de l'Hôtel de Ville de

B., par de Poucques d'Herbinghem (*Amiens*, 1856, 24 p.). — L'abbé Delrue, par Haigneré, 1861. — Les tribulations d'un sergent de ville (Dieuset) sous la Restaurat. Mémoires par Braquehay. *Douai*, *Delattre*, 23 p. 5 vol. et broch.

796. **Mgr Haffreingue,** par Haigneré (1871), 192 p. avec portr. — Haigneré (1893), par Loriquet. — Trois lettres du cardinal Piton à l'abbé Haigneré. — Abel Hautefeuille et Jean-Paul Huret, par Bénard. — Le baron de Larrey, membre de l'Institut, par Saint-Amour (*Calais*, 1843, in-8, 56 p. avec portrait lithogr.). — Le chanoine Lefebvre (1895), par Cardevacque. — Jubilé (1900) du chanoine de Lencquesaing, archiprêtre de Calais. — Les débuts de Mariette Pacha, par Deseille (1881, *Boulogne*, 28 p.). — 9 vol. et broch.

797. **Idem.** Les débuts de Mariette Pacha, par Deseille. — Auguste Mariette, souvenir de l'inaugur. de sa statue le 16 juillet 1882 (in-8, 118 p.). — Martinet (1865). — Morand-Delalleau (1884), par Haigneré, 32 p. — Pamart (1876), de St-Just d'Autingues (1884) à Landrethun. — Monument Frédéric Sauvage (1874). — L'abbé Sergeant, curé de St-Pierre de Boul. (1855), par l'abbé Blaquart, curé de Wierre. — Souquet.

798. **Idem.** Godefroi de Bouillon, — Haigneré, — Lefebvre, — Mariette Pacha, 6 br. in-8.

799. **Biography** of on Ali ben Sou-Alle.— Plaidoyer de Me Leuillieux, avocat, pour les sœurs Cunningham, etc., contre le colonel Wilson. *B.*, *Hesse*, 1826, 64 p.

800. **Id.** Cocatrix (instr. sur la Religion, 1833. — Courtois du Flégard, médecin à Samer (l'ivrognerie, 1862). — Deseille (la mort de Molière, poésie, 1860). — Dupont fils (Quelques vers, 1879). — Fourdinier (Protection de la petite culture, 1887). — Stone (Mentana). — Montewuis, doyen de Guînes (visite chez les pauvres, 1847). — Pigault-Lebrun. L'Amour et la Raison, comédie. *Paris*, *Barba*, an VII, 40 p. — Wallet, gr. doyen de la cath., 1886. — 9 br. in-8.

801. **Morand.** Définitions générales du Chapitre gén. de Cluny de l'an 1323. *Paris*, *Impr. nat.*, 1872, in-4, vergé.

802. **Id.,** autre exemplaire.

803. **A guide** to Calais and the continent. — Le Portus Itius à Calais, par Morel-Disque, suivi de notes sur les antiquités de Calais. — Moreaux, etc. *Calais*, *Leroy*, 1807-1818, 2 br. in-4 et in-18, 154 et 35 p. et un plan de Calais (1800).

804. **Demotier** (Ch.). Annales de Calais, jusqu'à nos jours. *Calais*, *Demotier*, 1856, in-8, av. pl.

805. **Belloy** (de). Le Siège de Calais, tragédie déd. au Roi..., suivie de notes historiques. *Paris*, *Duchesne*, 1765, in-16.

806. **Daumet** (Georges). **Calais** sous la domination anglaise. *Arras*, *Répessé*, 1902, in-8, av. p. justif. et tables, 211 p.

806 *bis*. **Idem**. Autre exemplaire.

807. **Considérat.** sur le dévouem. d'Eustache de St-Pierre ; — Hist. de Jean de Calais ; — Éphémérides calaisiennes, par Piers, etc. *St-Omer-Lille*. 3 br. in-8 et in-12.

808. **Mémoire** sur le maître-autel et le tableau du chœur de N.-D. de Calais. — Etude sur les monnaies de Calais, par de Rheims et Deschamps de Pas. — Musée, description. *Calais-Bruxelles*, 1843 et 1883, 3 br. av. pl.

809. **Mémoire** pour les hab. de Calais à l'appui de leur demande d'un arrond. communal ; — Réfutation d'un mémoire, observ. sur la demande d'un arrond. com. ; — Calais, Saint-Omer. — Rép. à la demande de div. du cant. de Calais et de l'érect. de St-Pierre en chef-lieu ; — Considér. sur le proj. de réunion des villes de Calais-St-Pierre ; — Création d'un trib. civil. *Calais-Aire-St-Pierre*, 1831-1903. — 6 broch.

810. **Piers** (H.). Calais et Saint-Omer. Concours international de Calais en 1866. — Rapport sur manuscrits trouvés à Calais en 1884 par Loriquet. 3 brochures.

811. **Landrin** (C.). Notice historique sur Saint-Pierre-L.-Calais et la fabric. du tulle. *B[illegible]gne-s.-M.*, *Simonnaire*, 1878, in-8.

811 *bis*. **Idem.** Autre exemplaire.

812. **Bertrand** (Jules). Le Livre d'or de St-Pierre-L.-Calais. Histoire des dentelles, des tulles et de leur fabrication. *Calais*, *Tartar-Crespin*, in-8.

813. **Idem**. Autre exemplaire.

814. **Reboul**, archiviste de Calais. Mémoire historique sur le tulle et les dentelles mécaniques. Préface de M. F. Passy, membre de l'Institut. *Calais, Fleury*, 1885, in-8.

815. **Notices** sur Alincthun, Bellebrune, Andres, Belle, Dannes et Desvres par Alph. Lefebvre, Deschamps de Pas, Rodière, d'Ordre. *Arras Boul.*, 1821-1902, 5 br.

816. **Lennel** (F.), professeur au collège de Calais. **Calais par l'image**, avec notices historiques. 1. Des origines à la fin de la domination anglaise (1558). 2. de la reprise de Calais à la Révol. 3. De la Révolution à nos jours. *Calais, Peumery*, 1904-1906, 3 portef. contenant 400 pl. phot. Berteau, et 3 vol. de texte. Ouvr. tiré à 250 ex. numérotés. *Epuisé*.

817. **Tailliar et Courtois.** Usaiges et anciennes coustumes de la conté de **Guysnes** (Manuscrit du XVe siècle). — Rodière : l'Église de **Dannes.** *St-Omer* et *Paris*, 1856-1899, 2 br. in-8.

818. **Une Visite** chez les Pauvres à **Guînes** ; — Notice histor. et archéol. sur **Halinghem** ; — Explic. d'une inscript. trouvée à Halinghem, par le chan. Montewuis, Lefebvre, Millin. *Calais-Boulogne*, 1847-1875, 3 broch.

819. **Documents** pour servir à l'hist. du château d'Hardelot ;— Rech. sur l'abb. de La Capelle en Calaisis, par Le Roy et Desplanque. *Boulogne-Lille*, 2 broch. in-8.

820. **Le Portail** de l'église St-Michel du Wast. — Le cimetière franco-mérovingien de Nesles-L.-Verlincthun. — Tardinghen et les sépultures sous dalle ; par Parenty, Vaillant, Debout.— Frères hospitaliers de St-Inglevert. *Arras*, 4 br. in-4 et in-8, gr. de Gaucherel et pl.

821. **Tardinghen** et les sép. sous dalles ; — Rens. histor., archéol. et stat. sur l'église et la paroisse de Wierre-Effroy. — Rapp. sur fouilles arch. à Cassel et à Wissant, par Debout et Blaquart. *Arras-Caen*, 1855-1891, 3 br. av. pl.

MONTREUIL ET L'ARRONDISSEMENT

822. **A. de Calonne.** Dict. histor. et arch. du dépt. du P.-de-C. — Arrondt de Montreuil. *Arras, Sueur-Charruey*, 1875, in-8.

823. **Lefils.** Histoire de Montreuil-s.-Mer et de son château. *Abbeville, René Housse*, 1860, in-12.

824. **Lhomel** (G. de). Le Cartulaire de la ville de Montreuil-s.-Mer. *Abbeville, Lafosse*, 1904, in-4, III-406 p. av. pl.

825. **Les gouverneurs de Montreuil** de la maison des Essarts de Maigneulx (1581-1620). — Séjours de souverains et de princes à Montreuil, par Roger Rodière et de Lhomel. *Montreuil, Delambre*, 1903-1906, 2 br. in-8.

826. **Lhomel** (Georges). Le Livre d'or de la Municipalité Montreuilloise (1140-1900) [Mayeurs, échevins, argentiers, procureurs, agents nationaux, greffiers, etc.]. *Abbeville, Lafosse*, 1904, in-4.

827. Double du précédent.

828. **Lhomel** (Georges de). Journal de la Révolution à Montreuil-sur-Mer. [Doc. pour servir à l'histoire de Mont.-s-Mer]. *Abbeville, Lafosse*, 1905, in-8.

829. **Souvenirs et légendes** du pays de Montreuil, par Calonne (baron A. de). — La question ordinaire et extraordinaire à Montreuil, en 1777, par Loriquet. *Arras*, 2 br. in-8 et in-12.

830. **Notes sur le château d'Hardelot.** Le bac d'Attin; la statue tombale d'Enguerrand d'Eudin. Rapport sur l'Epigraphie, par Rodière. — Inv. du Trésor de Saint-Saulve, de M.-sur-Mer, par de Loisne. *Arras-Paris*, 1901-1903, 2 br. in-8.

831. **Charpentier** (E.). La loge maçonnique de Montreuil-sur-Mer (1761-1809). — Promenade dans Montreuil-sur-Mer au XVIIIe siècle. *Paris, Hist. de la Rév.*, in-8, 12 p., et *Montreuil* 1896, 2 br. in-8.

832. **Abelly** (Louis), évêque de Rodez. La vie de saint Josse, prince de Bretagne, XVI-204 p. Nouv. édition, *Montreuil, Duval*, 1851, ex-libr. D. Haigneré.

833. **Robitaille** (chanoine). Vie de saint Josse, prêtre et patron du Ponthieu, suivie de son pèlerinage à St-Josse-sur-Mer. *Arras, Rousseau-Leroy*, 1867, in-18.

834. **Rodière** (Roger). Les Corps Saints de Montreuil (étude sur les trésors des abb. de St-Saulve et de Ste-Austreberthe et de la paroisse St-Saulve) avec préface d'Henri Potez, et lettre de Mgr Meunier, évêque d'Évreux. *Paris-Montreuil*, 1901, in-8, XX-429 p. avec pl.

834 *bis*. **Idem**. Autre exemplaire.

835. **Braquehay**. Le culte de saint Gengoult, à Montreuil-sur-Mer. *Amiens, Delattre-Lenoel*, 1884, in-8.

836. **Braquehay** (Auguste). Essai historique sur l'abbaye royale de Sainte-Austreberthe, à Montreuil-sur-Mer. *Abbeville, Cab. hist.*, 1895, in-8, av. 9 pl. iconogr.

837. **Braquehay** (A.). Histoire des établissements hospitaliers de la ville et de la banlieue de Montreuil-sur-Mer. *Amiens, Delattre Lenoel*, 1882, in-8, 316 p.

838. **Braquehay** (Auguste). Hist. de l'Hôtel-Dieu Saint-Nicolas (1200-1874) et de l'Hosp. des Orphelins (édité par Henri Potez). *Montreuil*, 1903, 2 vol. in-8 av. pl et fig.

839. **Idem**. Autre ex.. Hist. de l'Hôtel-Dieu Saint-Nicolas.

840. **Loisne** (A. de). La Maladrerie du Val de Montreuil. Hist. et Cartulaire. *Abbeville, Lafosse*, 1903, in-8 av. pl.

841. **Idem**. Autre exemplaire.

842. **Biographies**. Le maréchal de camp Acary de la Rivière (1745-1829), par Braquehay.—Dusannier, maire de Nempont-St-Firmin (1884). — La famille Godquin, XVIIe s., par Rodière. — François de Jussac d'Ambleville, maréchal de Louis XIII, par Janvier (*Abbeville*, 1859, 139 pages). — Un lieut. gén. à Montreuil (Le Charpentier) et sa famille au XVe siècle, par Rodière. *Abbeville*, 1900, 52 p., 5 broch. in-8.

843. **Idem.** Le général baron Merle (1766-1830), notice biogr., par Braquehay (*Paris*, *Dubois*, 1893, 260 pages, port.). — L'abbé Firmin Pollet (1652-1733), par Braquehay, avec port. in-8, 61 pages, 1895. *Abbeville*, tiré à 100 ex., 2 vol.

844. **Idem.** L'abbé Prévost (d'Hesdin), à l'abbaye de Jumièges, par Edmont. — Le général Tripier, par Cardevacque. *Montreuil*, 1877, in-8, 40 p., avec portrait en photo. — Le socialiste picard Norbert Truquin, par V. Advielle. *Paris*, 1895, 22 pages, — 3 broch.

845 **H. C. A. H.** [Hennebert, chanoine à Hesdin]. Du plaisir ou du moyen de se rendre heureux. *Lille*, *Henry*, 1764, in-12, rel. v. plein, front. gravé.

846. **Mondelot,** principal du collège d'Hesdin (poésies, 1824). Boulogne, 82 p. — Poultier, s.-préfet, contre Warnier, d'Abbeville. *Douai*, *Vinois*, in-4, — 2 br.

847. **Montreuil, Imprimerie Cartusienne.** Le Saint Evangile de N. S. Jésus-Christ, par l'abbé Pille. *Montreuil-s.-Mer*, *Impr. N.-D. des Prés*, 1896, in-12.

848. **Thobois** (B.-J.). La Paroisse et les Curés d'Alette. — Répertoire des noms dans les chartes des pr[illegible]és de Beaurains et de Maintenay, par Rodière. — La dîme sur le territoire d'Alette. *Boulogne-Arras-Montreuil*. — 3 br. in-8.

849. **Beaumerie-S.-M.** Une église gothique du XVIIe s., par Rodière. — **Campigneulles-l.-Petites.** Coup d'œil sur son passé et son état actuel, par Liébron, maire. — **Campagne :** notice. — L'ancien château-fort de **Créquy** et celui de **Fressin,** par Bracquart. — La dîme sur le territoire d'Amiens. *Lille-Amiens-Paris*, 5 br. in-8, av. pl.

850. **Calonne** (Alb. de). Histoire des abbayes de Dommartin et de Saint-André-au-Bois. *Arras*, *Sueur-Charruey*, 1875, in-8, n° 71 du tirage sur vergé, 339 p.

851. **Souquet.** Histoires du château et de l'église d'Étaples. *Amiens*, 1855, 2 br. av. pl.

852. **Étaples.** Mémoires sur Quentowic, par l'abbé Robert et Cousin. *Amiens-Dunkerque*, 1850-1869, 4 br. in-8.

853. **Souquet** (G.). Histoire de Q. et d'Et.—Hist. et descript. des églises d'Et. *Amiens*, 1855-1863, in-8, 188 p. et 34 p. av. pl.

854. **Souquet** (G.). Histoire chronologique des Rues d'Et.—Hist. et desc. des égl. d'Et. *Amiens*, 1855-1860, 2 vol. in-8, pl., *rares*.

855. **Fressin**. Château et église, par Terninck. *Arras*, in-4 av. planches par Robaut.

856. **Fromentin**. Fressin. Histoire, archéologie, statistique. *Lille*, *imp. salésienne*, 1892, in-8, 688 p. av. pl.

857. **Fromentin**. Eglise de Fressin. *Lille*, *imp. salésienne*, 1892, in-8, 67 p.

858. **Rodière**. Essai sur les prieurés de Beaurain et de Maintenay et leurs chartes. — I. Prieuré de Beaurain. — II. Prieuré de N.-D. de Maintenay. *Arras*, 1903-1904, in-8, 2 vol.

859. **Meunier** (abbé P.). Marconne. Sainte-Austreberthe. — N.-D. des Affligés. — Notice hist. *Abbeville*, *Retaux*, 1885, in-12.

860. **Maresquel** : Notre-Dame de Bureuil. — Montcavrel et Recques : Les Rosières, par Rodière et l'abbé Thobois. *Boul.-Montreuil*, 2 br. in-8.

861. **Loriquet** (Henri). La maladrerie de Labroye. Examen des droits respectifs des communes de Labroye et de Leboisle sur les biens de cette maladrerie. *Arras*, 1894, in-8.

861 *bis*. **Id**. Autre exemplaire.

862. **Thobois** (B.-J.). Le château et les seigneurs de Mont-Cavrel (commune d'Alette). Ouvr. couronné par l'Académie d'Arras. — Rapport sur le même ouvrage, par J. Chavanon. *Arras*, *Répessé*, 1901, in-8, 435 p. av. planches et brochure.

863. **Idem**. Autre exemplaire.

864. **Charpentier**. Le registre de la manse conventuelle de l'abbaye de Saint-Josse-sur-Mer. *Abbeville*, 1901, in-8, 140 p.

865. **Idem**. Autre ex.

866. **Danvin** (Aristide). Berck-guide, vade-mecum du baigneur à la plage de Berck (P.-d.-C.), avec vue, plan de la plage et carte des excursions. *Berck*, *Macquet*, in-12, 299 p.

867. **Mondelot** (S.), principal du coll. d'Hesdin. Le vieil et le nouvel Hesdin, ou histoire de ces deux villes. *Abbeville, H. Devérité*, 1823, in-8, 7, 114 p, av. pl., cart. ex-libr. de Card.

867 *bis*. **Idem.** Autre ex.

868. **Lion** (Jules). Vieil Hesdin. *St-Omer, Van Elsland*, 1860, in-12, 84 p.

869. **Jules Lion**. Vieil Hesdin. *idem*, in-12, 259 p.

870. **Vincent.** Fondation d'Hesdinfert. Conseils politiques adressés à la princesse Marie, régente des Pays-Bas, pour Charles-Quint. *St-Omer, Fleury-Lemaire*, 1857, in-8, pl,

871. **Danvin** (Dr Bruno). Vicissitudes, heur et malheur du Vieil Hesdin. *St-Pol, Bécart*, 1866, in-8 av. pl., d.-rel. veau, tr.

872. **Idem**. Autre exemplaire, br.

873. **Fromentin** (abbé). Hesdin, étude historique (293-1865). *Arras, Rousseau-Leroy*, 1865, in-12.

874. **Houzel** (J.). Recherches historiques sur le vieil et le nouvel Hesdin. *Paris, Tolmer*, 1877, in-8.

875. **S'ensuivent** plusieurs belles chansons nouvelles (réimpressions, *Chartres, Durand*, 1874). — Capitulation de la ville d'Hesdin, 29 juin 1639 (relation d'Antoine Deville). — Réponse à une lettre de M. Varlet, com. de la garde nat. d'Hesdin, adressée à M. Dubois-Crancé... par de Fournès, député. *Paris, Imp. nat.* — 3 pièces in-f° et in-12.

876. **Meunier** (P.) (act. évêque d'Evreux). Histoire d'Hesdin. — La Paroisse depuis la fondation de la ville en 1554 jusqu'à la Révolution française. *Montreuil, imp. N.-D. des Prés*, 1896, in-8, 384 p. av. planches photo et dess. de P. Willame.

SAINT-OMER

Topographie — Histoire civile

876. **Conducteur** dans Saint-Omer et ses environs (historique, descriptions, etc). *St-Omer, Baclé*, in-16, 284 p. av. plan et vignette du Mont-Sithieu.

877. **Idem**. Autre exemplaire.

878. **Piers** (H.). Histoire des Flamands du Haut-Pont et de Lysel. — Iles Flottantes. — Portus Itius. Histoire des abbayes de Watten et de Clairmarais. *St-O.*, 1836, in-8, 200 p.

879. **Idem.** Autre exemplaire.

880. **Vuatiné et Derheims.** Guide descriptif et statistique dans l'arrondt de St-Omer, principal. dans les villes de St-Omer et d'Aire. *St-Omer*, *Wattiné*, 1846, in-12, 348 p.

881. **Communauté d'origine** et de langage entre les habitants de l'ancienne Morinie flamingante et wallonne. — St-Omer et environs.—Souvenirs de St-O., par Courtois, Le Sergeant, de Monnecove et Cavrois. *St-Omer-Arras*, — 3 br. av. pl.

382. **Plan de la ville de St-Omer**, présenté à MM. du Magistrat, par J. Belin, en 1695, publié d'après le document original conservé aux Archives municipales et accompagné d'une notice par Félix Le Sergeant de Monnecove. *Paris*, *Dumoulin*, 1868, in-4, 7 p. av. beau plan annoté.

883. **Id.** Autre exemplaire.

884. **Notice artésienne** sur le voyage du Roi (Charles X) ou dix jours à Saint-Omer et dans le dép. du P.-de-C. (5-18 septembre 1827). *St-Omer*, *Chanvin*, 64 p.

885. **Recueil de Chartres** qui se trouvent dans les archives des mayeur et échevins de la ville de St-Omer (juridiction sur la ville et la banlieue, droit de commerce, privilège, etc.) *St-Omer*, *Fertel*, 1739, in-4, 120 p.

886. **Idem.** Autre exemplaire.

887. **Giry** (A.). Histoire de la ville de Saint-Omer et de ses institutions, jusqu'au XIVe siècle. *Paris*, *F. Vieweg*, 1877, in-8, XII, 608, rel. veau, tr. ébarbée.

888. **Collet** (P.). Notice historique sur St-Omer, suivie de celles de Thérouanne et de Tournehem. *St-Omer*, *J.-B. Lemaire*, 1830, in-12, VI-239 p.

889. **Piers** (H.). Variétés historiques sur la ville de St-Omer. *St-Omer*, *Vanelslandt*, 1832, in-8, 254 p.

890. **Idem.** Autre exemplaire.

891. **Derheims** (Jean). Histoire de la ville de Saint-Omer. *St-Omer, Lemaire*, 1843, in-8, VII-767 p., d. rel. t.

892. **Idem.** Autre exemplaire, br.

893. **Julii Chiffletii.** Audomarum obsessum et liberatum, anno M.DC.XXXVIII. *Anvers, Balthasar-Moretus*, 1640, in-32, 211 p., rel. avec parch. marque plantinienne. — *Rare.*

894. **Saint-Omer.** Anecdotes anglaises sur la ville ; — Guillaume Cliton ; — Troubles des Patriots en 1578 ; — Attaque de la ville par la porte Ste-Croix en 1594 ; — Le siège de St-O. en 1677 ; — Réunion de l'Artois réservé ; — Le ravitaillement en 1710, par Piers, Deschamps de Pas, Pagart d'Hermansart et Bled. *Aire-Saint-Omer*, 1846-1885, 7 broch. in-8.

895. **Saint-Omer.** Les Cygnes de S. Omer ; fiefs et hommages ; — Guill. Cliton ; — Anecdotes anglaises ; — Troubles excités à S. Omer ; — Attaque de la ville de S. Omer en 1594 ; — Le ravitaillement de S. Omer en 1710, d'après les documents officiels, par Pagart d'Hermansart, Piers, Deschamps de Pas, etc. *St-Omer*, 1841-1885, 6 broch. in-8.

896. **Bled** (l'abbé O.). La Garnison de Saint-Omer en 1597 et 1598. *St-Omer, d'Homont*, 1892, in-8, 82 p.

897. **Idem.** Autre exemplaire.

898. **Bled** (l'abbé O.). Histoire des arbalétriers de Saint-Omer, dits compagnons ou chev. de Saint-Georges (pièces justificatives. *St-Omer, d'Homont*, 1892, in-8, 159 p.

899. **Deschamps de Pas.** La Révolution à St-Omer. Souvenirs de mon grand père, par le bibliophile artésien. *St-Omer, Lance*, 1873, in-8, 180 p.

900. **Bled** (l'abbé O.). Les sociétés populaires à Saint-Omer pendant la Révolution, 1789-1795, av. gr. *St-Omer, H. d'Homont*, 1907, in-8, 171 p.

901. **Saint-Omer.** Extrait d'un rapport du général d'Arçon, sur un mém. du cap. de Récicourt relatif aux routes de Montreuil à St-Omer. — Rapport au Préfet sur la direction la plus utile des routes de St-Omer à Montreuil et St-Pol à Boulogne ;

— Mém. sur le système actuel d'alimentation des eaux de St-Omer ; — agrandis. de St-Omer, par Dessaux, Le Brethon, de Récicourt. *St-Omer*, 1826-1869, — 4 broch.

Institutions — Coutumes

902. **Recueil** des ordonnances royales, sentences, arrêts, règl., commis. et provisions touchant l'adm. de la justice au bailliage royal de Saint-Omer (Rare). *A St-Omer, de l'Impr. du Nom de Jésus*, 1739, in-12, 236 p. (pages 1-4 restituées).

903. **Coutumes** particul. des baill. ville et banlieue de St-Omer ; châtell. d'Audruicq et de Tournehem ; Brédenarde ; baill. et ville d'Aire. *Arras, Duchamp* (1744), in-16.

904. **Voltaire** (M. de). La Méprise d'Arras (affaire Montbailly de St-Omer, condamné injustement). *Lausanne, Grasset*, 1771, in-12, 22 p., *rare*.

905. **Id.** Autre exemplaire, 1772, 22 p.

906. **Espinas** et **Pirenne**. Les Coutumes de la gilde marchande de Saint-Omer. *Paris, Bouillon*, 1901, in-8, 8 p.

907. **Bled** (O.). Le Zoene ou la composition pour homicide à Saint-O. jusqu'au XVIIe siècle. *St-O., d'Homont*, in-8, 345 p.

908. **Kempen** (Georges Van). De la composition pour homicide d'après la loi salique, son maintien dans les coutumes de St-Omer jusqu'à la fin du XVIe siècle. *St-O.*, 1902, in-8.

909. **Lauwereyns de Rosendaële**. Histoire d'une guerre échevinale de 177 ans ou les baillis et les échevins à St-Omer de 1500 à 1677. *St-Omer, Guermonprez*, 1867, in-12, 129 p.

910. **Id.** Autre exemplaire.

911. **Pas** (J. de). Testaments transcrits à l'Échevinage de St-Omer de 1486-1495 (usages testam. au XVe s.). *St-Omer, d'Homont*, 1902, in-8.

912. **Pagart d'Hermansart**. Les greffiers de l'Echevinage de St-Omer. 1311-1790. *St-Omer, d'Homont*, 1901, in-8, 74 p.

913. **Pas** (J. de). Les Escarwettes à St-Omer. *St-Omer, d'Homont*, 1906, in-8, photot. Boitel.

914. **Id.** Autre ex.

915. **Les Mayeurs** de St-Omer ; — Les Conseillers pens. ; — Le Maître des Hautes œuvres, par de Laplane et Pagart d'Hermansart. *St-Omer*, 1860-1892, 3 br. in-8.

Instruction publique — Archéologie Beaux-Arts — Numismatique

916. **Collèges :** Arrêt de la Cour du Parlem. pour le collège Wallon (envoi en poss. des biens lui appartenant), 18 mars 1769 ; — Lettres patentes permettant au coll. anglais d'acquérir l'hôtel de Lens, etc..., 16 juin 1769. — O'Connell et le coll. anglais, par L. Cavrois. — 3 pièces in-4 et in-8.

917. **Collèges :** Réjouissances des Ecoliers de N.-D. de St-Omer le jour de St-Nicolas (6 déc. 1417) ; — O'Connell et le coll. anglais, par L. Cavrois. — 2 br. in-8.

918. **Les Jésuites** anglais à St-Omer (premier établiss.). — O'Connell et le coll. anglais. — Ecole de Dohem : pers. enseignant (traité av. la Soc. Saint-Bertin, par l'abbé Bled, Cavrois et Marin. *Arras-St-Omer*. — 3 br. in-8.

919. **La Chanson** de Gilles Dindin, par le bibliophile artésien. *St-Omer, Guermonprez*, 1871, in-12.

920. **Catalogue** des manuscrits de la bibliothèque de Saint-Omer, publ. par Michelant. (1845), in-4, 465, 39 et 90 p.

921. **Bibliothèque** de St-Omer : Notice hist. ; — catal. des mss. ; — notice sur un ms., par Piers et de Linas. *Lille-Aire-Amiens*, 1840-(186..), 5 br. in-8.

922. **Antiquaires** de la Morinie : Compte-rendu des travaux. — Notice histor. sur la Soc. des Antiq. de la Morinie et sur ses travaux, par de Laplane et Dramart. *St-Omer, Chanvin et d'Homont*, 1856-1882, 2 vol. in-8.

923. **Dramart.** Notice hist. sur la Soc. des Antiq. de la Morinie et sur ses travaux. *St-Omer, d'Homont*, 1882, in-8, 238 p.

924. **Wallet** (Emmanuel). 1° Descript. de l'anc. abb. de St-Bertin à St-Omer ; — 2° Descript. d'une crypte et d'un pavé mosaïque de l'anc. égl. de St-Bertin ; — 3° Descript. de l'anc. cathédrale de St-Omer (dalles gravées à mastics de couleurs). *Douai, Wagrez. et Adam d'Aubers*, 1834-1847, 3 vol. in-4 (reliés ensemble), av. planches.

925. **Wallet** (E.). Description de l'anc. cathédrale de St-Omer, maintenant paroisse de N.-D. *Douai, Adam*, 1839, in-4, non rogné (texte seul).

926. **Hermand, de Linas** et **Deschamps de Pas.** Notices sur la cathéd. et sur la tour et égl. St-Denis à St-Omer. — Ep. de constr. de l'égl. N.-D. *Arras*, 1858-1859, in-4, 4 not. av. pl.

927. **Époques** de constr. des div. parties de N.-D. à St-Omer ; — Rapport présenté au Cons. mun. sur le projet d'isolem. de la cath. ; — L'Égl. Notre-Dame, par Hermand, de Laplane et le bibliophile artésien. *St-Omer*, 1859-1879, 3 br. in-8.

928. **Église** Notre-Dame de St-Omer (époques de construction, par Hermand ; rapport sur l'isolement, par de Laplane ; l'ancienne chapelle de St-Omer, par le chan. Guilluy. *St-Omer*, 1859-1883. — 3 br. in-8.

929. **Notice** sur une vie manuscrite de St-Omer précédée d'un essai sur l'orfévrerie et la toreutique appliq. à la reliure des livres ; — Restauration des grandes orgues ; — Le Calice de St-O. ; — Le reliquaire du chef de saint O. ; — Inventaire des ornem., reliquaires, etc., de l'égl. collég. de St-Om. en 1557, par de Linas, Legrand, Deschamps de Pas. — 5 br. in-8.

930. **Bled** (Chan.). Notice sur la Cloche de l'égl. St-Denis et sur la Bancloque de St-O. — Nouv. cloches de la paroisse St-Denis, bénéd. par Mgr Dennel. *St-Omer*, 1883-1888, 2 br. in-8.

931. **Deschamps de Pas.** Notre-Dame des Miracles à Saint-Omer (sculpt. en bois du XIIIe s.). *Paris, Victor Didron*, in-4, av. pl. dessinée par Deschamps.

932. **Idem.** Autre exemplaire.

933. **Lesenne.** La Chapelle du Lycée (anc. égl. des Jésuites, à St-Omer, *St-Omer, Thumerel*, 1897, in-4 av. 18 pl. photo.

934. **Saint-Bertin.** Méditation sur les ruines de St-Bertin, — Un mot sur les ruines de St-Bertin ; — Rapport pour la consolidation de la Tour St-Bertin, par Deneuville, de Laplace. *St-Omer*, 1834-1845. — 3 br. av. grav.

935. **Essai** sur la mosaïque de St-Bertin ; — Un mot sur les ruines de St-Bertin, à St-Omer, par Alex. Hermand et H. de Laplane. *St-Omer-Arras*, 1834-1851. — 2 br. in-12, pl.

936. **Deschamps de Pas.** Orfévrerie du moyen-âge. Le pied de Croix de St-Bertin. *Paris*, *Didron*, 1858, in-4, 15 p., dess. de Deschamps, gravés par Gaucherel.

937. **Saint-Omer.** Droit de propriété sur la Butte Sithieu et sur la Maison de Justice qui y est érigée ; — Essai sur la mosaïque de St-Bertin ; — l'Eglise du St-Sépulcre à St-Omer, par N. L. Hermand et Bled. *St-Omer*, 1834, 189. — 3 br.

938. **F. Chifflart** (1825-1901), par L. Viltart. *Arras*, *Guyot*, 44 pl. — L'Ecole libre de dessin devant l'opinion. *St-Omer*, 1879, 61 p. — Musée de St-O., description. — 3 br. in-8.

939. **Hermand** (Alex.). Recherches sur les monnaies, médailles et jetons dont la ville de St-Omer a été l'objet. *St-Omer*, 1834, in-8, 132 p. — Catal. des monum. et méd. de Blondeau, not. à St-Omer, 1880, 1 vol. et br.

940. **Numismatique audomaroise.** Monnaies trouvées à St-O. en 1838 ; — Observat. archéol. à propos de quelq. monnaies inédites de St-O.; Le Cabinet d'amateur : numism. et archéol.; — Premières monnaies de nécessité, par Hermand, Serrure et de Laplane. *St-Omer-Gand*, 1838-1864, 4 br. pl.

941. **Hermand** (Alex.). Numismatique Gallo-Belge ou his. monétaire des Morins, des Atrébates et des nations Gallo-Belges. *Bruxelles*, *Devroye*, 1864, in-8, 170 p. av. 15 pl. dess. par Deschamps de Pas.

Bio-Bibliographie — Typo-Bibliographie

942. **Piers.** Biographie de la ville de St-Omer. *St-Omer*, *Lemaire*, 1835, in-8, portraits.

943. **Idem.** Autre exemplaire.

944. **Mém. à consulter** par Jean-Ch. V. de Bette d'Etienville, bourg. de St-Omer, détenu ès prisons du Châtelet de Paris, accusé, contre le sieur Vaucher, md. horloger, et le sr. Loque, md bijoutier à Paris, plaignant. — Second mém. à consulter et consultat. sur la défense à une accusat. d'escroquerie, pour J.-Ch.-V. de Bette d'Etienville (impliqué dans l'affaire du Collier). *S. l. et Liège*, 1786, 2 br. in-8, 31 et 48 pp. — Rare.

945. **Mémoire** pr Me J.-B. Personne, procureur ès ville et baill. de St-Omer, opposant au jugt rendu contre lui au Cons. d'Artois le 5 fév. 1784, contre J. Derombre et autres, d'Embry, etc. *Arras, Vve Nicolas*, 1784, in-4, 32 p.

946. **Biographies**. Allent, pair de France et conseiller d'Etat, par le baron de Gerando (1838, 23 p. avec une litho., représentant la salle du Cons. municip. de St-Omer. — Blanquart de Bailleul, de St-O. (1869). — Sacre de Mgr Catteau, poésies (1877), 22 fév. — Coyecque, grand doyen (1824). — Epître au baron Dard, en vers, tirée à **cinq** exemplaires (*Arras*, 4 pag.) — Delhaye, imp. des pharmacies (1881). — Deron, abbé (1832), par Piers, avec portr., 7 pages. — Louis Deschamps de Pas (1890), par Cardevacque. — Notice sur sa vie et ses travaux avec bibliogr., par Pagart d'Hermansart (1890, 63 p.) — Le frère Honoré (1864) par Lesage. — 10 broch. in-8.

947. **Idem.** De Laplane (1874), par Deschamps de Pas. — Un magistrat munic. à St-Omer en 1790 (Lauredan), par Pagart, (1886, 26 p.). — Lefebvre de Palme. — Le Roy fils et Cie, négociants à St-Omer à leurs concitoyens. *Dunkerque, Drouillard*, 1828, 26 p. — Lœuillet (1875), curé du St-Sépulcre, vers par Lesage. — Victoire Macau (1886). — Quelques pages sur Louis Noël, statuaire, par L. Viltart (1896). — Simon Ogier (XVIe siècle), par l'abbé Bled, 1885), 32 pages avec tableau généal. — Parent-Réal, vie et ouvrages, par Daunou (1839), in-8, 35 p. — Monument Parent Réal et plan figuratif du Musée à St-Omer (1841). — 10 broch. in-8.

948. **Idem.** Taffin de Givenchy (1859), par de Laplane, avec port., 31 p. — Vie de Mme Maës, née Taffin du Hocquet, en religion sœur François, de St-Omer, fondatrice des Relig. de la Pénitence dites Capucines. *Lille, Lefort*, 1841, in-12, 107 p.

— Mgr Scott, par de Beugny d'Hagerue (1888), in-8, 66 pages. — L'abbé Toursel, dir. de S. Bertin (1881), 37 pages. — Mémoire pour Henriette Watel, contre Claudine Yart. *St-Omer, Lemaire*, oct. 1827, par Parent-Réal. — Hermand, par Deschamps de Pas, 1878, 24 p. — 6 br. et 1 vol. in-8, 61 p.

949. **Idem.** Allent, Coyecque, Deron, de Pas, Honoré, de Laplane, Lefebvre de Palme, Le Roy, Lœuillet, Simon Ogier, Parent-Réal (2), de Givenchy, Toursel, — 15 broch. in-8.

950. **Id.** Bloëme (jeux de l'enfance, 1857); — la Guillotine, 1865). — Boucher-Cadart (surmenage au collège 1888). — Clairmarais (28 janv. 1876). — Devaux (élection). — Guermonprez (trav. publ. — Soc. coopératives). — Jonnart (régime des boissons). — Le Doyen (guerre). — Lequette (le livre du soldat, 1845). — Libersaille (thèse, droit). — Limoisin (Eglise et France). — Papeleu (questions du jour). — Parent-Réal (questions polit., 1830). — Sturne, médecin (croupe et angine). — Délass. d'un prisonnier, s.-off. de la Vieille-Armée (1835). *St-Omer*, 15 br.

951. **Caron** . Recueil de poésies diverses, *St-Omer*, 1841. — Lesage, aumônier de l'hôpital milit., poésies. La Papauté. Le Denier de S. Pierre. Les Divins témoignages. L'Eucharistie. 1867-1877, — 5 br. in-8.

952. **Vita Sugerii,** abbatis Sti Dionisii, qui præcipua franciæ negotia regnantibus Ludovico VI et L. VII administravit... auct. Willelmo, etc. *Paris, Bouillerot*, 1648, in-8, 70 p., rel. parch. dos orné. — *Rare.*

953. **Histoire de Suger,** abbé de S. Denis, minist. d'Etat et régent du royaume sous le règne de Louis Lejeune. *Paris, Musier*, 1721, 3 vol. in-16, rel. veau.

954. **Dard** (baron). Bibliographie historique de l'arrondt de S. Omer. *Arras, Sueur-Charruey*, 1880, in-8, tiré à 50 ex. n° 23 av. envoi d'auteur en latin, au poète D. Roch, d'Aire.

955. **Dard** (baron). Bibliographie historique de l'arrondt de St-Omer. *St-Omer, d'Homont*, 1887, in-8, XII-241 p.

956. **Id.** Autre exempl.

957. **Fertel** (Dominique). La science pratique de l'Imprimerie, contenant des instr. très faciles pour se perfectionner dans cet art. *St-Omer, Fertel*, 1723, in-4, fig. des impositions, etc.

958. **Impression audomaroise.** Rituale ecclesiæ Audomarensis. *Audomari, typis M. D. Fertel*, 1727, in-4, aux armes des Valbelle, 565 p., rel. v., dos orné.

959. **Idem.** Recueil de Chartres qui se trouvent dans les archives des mayeurs et échevins de la ville de S. Omer, etc. *St-Omer, M. D. Fertel*, 1739, in-4, 120 p.

959 *bis*. **Idem.** Bossuet. Exposition de la doctr. de l'égl. cathol. sur les matières controversées. *St-Omer, Fertel*, 1721, in-18, 58 et 118 p. — Consolations pour les temps présents. *St-Omer Van Elslandt*, 1870, in-16, 120 p.

Histoire religieuse — Assistance publique

960. **Légendaire** de la Morinie ou vies des saints de l'anc. dioc. de Thérouanne, publ. par les chan. Parenty, Van Drival, etc. *Boulogne, Berger*, 1850, in-8, 400 p.

961. **Vies** de S. Jean, év. de Térouanne ; du bienh. Milon, év. de Térouanne, et du vénér. Aloise, év. d'Arras, par Van Drival et Parenty. *Arras-Boul.*, 1850-1864, 2 br. in-8 et in-16.

962. **Vie** de S. Bertin, en vers, composée par Simon, publ. par Fr. Morand. *Paris, Impr. nat.*, 1872, in-4, 45 p., p. vergé.

963. **Robert** (abbé). Histoire de saint Liévin, arch. et martyr (Culte à Merck-St-Liévin). *Arras*, 1856, 2 in-12, 247 p.

964. **Le Sergeant de Monnecove** (Félix). Testament et exécution testam. de Jean Tabari, év. de Thérouanne. *St-Omer, H. d'Homont*, 1901, in-8, 124 p.

965. **Recueil** de toutes les ord. synodales de mess. de Valbelle, év. de St-Omer. *St-Omer, Fertel*, 1730, in-12, VI-214 p.

966. **Décret** de Mgr J.-F.-M. de Conzié, év. de St-Omer (suppression des vicaireries, écoteries et chap. de la cath. de St-Omer ; érect. de 12 nouv. bénéfices), 10 juin 1771. *St-Omer, Boubers*, 1774, in-4, 47 p.

967. **Laplane** (Henri de). De Valbelle, évêques de Saint-Omer (1684-1754). — Etat récap. des décimateurs dans les par. du dioc. de Boul., par D. Haigneré. *St-Omer*, 1872-1884, 2 br.

968. **Statuta** synodi diœcesanæ Audomarensis, anno 1583... presidente R° in Chr° P. ac D° D° Christoph° de France ep° Audomarensi. *Audomari, Viduæ C. Boscardi*, sub signo Nominis Jesu, 1640, in-4, 153 p. et 3 f. lim., rel. anc. parch., frontisp. gr. aux armes de France.

969. **Id.** Autre ex., rel. parch.

970. **Rituale** eccl. Audomarensis... instructionibus illustr. ac reverend. Fr. de Valbelle de Tourves, ep. Audomarensis, auctoritate editum. *Audomari, typis D. Fertel*, 1727, in-4, 565 p. et 7 f. lim., caract. rom. et goth., rel. plein veau.

971. **Hist.** de Notre-Dame des Miracles à St-Omer, par le R. P. Martin Couvreur. Réimpr. de l'éd. de 1647, par Robitaille. *Arras, Rousseau-Leroy*, 1859, in-12, 138 p.

972. **Id.** Autre exemplaire.

973. **Dusautoir** (abbé A.). Notre-Dame des Miracles, St-Omer et St-Bertin, connus, aimés, honorés à travers les âges. *Boulogne, Hamain*, in-8, 256 p. av. photot. et couv. illustrée.

974. **Notre-Dame** des M. : Fêtes du couronnement en 1875 ; Progr. souvenir, poésie de Lesage, etc. 1875, 4 br. in-8.

975. **Livret** de la Confrérie de N.-D. des Miracles (historique et régl.) ; — Souvenir du couronn. et poésie. *St-Omer, Fertel, d'Homont et Devey*, 1819-1875, 3 br. in-8 et in-18.

976. **Id.** Autre lot de 3 br.

977. **La fête** des Innocents dans la collégiale de St-Omer. — Livret de la Confrérie de N.-D. des Miracles ; le couronn. de N.-D. *St-Omer, Fertel*, etc., 1819-1887, — 3 br.

978. **Deschamps de Pas** (L.). Les cérémonies relig. dans la collégiale de Saint-Omer au XIIIe siècle. — Examen d'un rituel ms. de cette église. *St-Omer, d'Homont*, 1886, in-8.

979. **Le Chronicon** Morense. — Une bibliothèque de chanoine au XVe s. — Saint Antoine, ermite, patron des corroyeurs de

St-Omer, par Bled et Pagart d'Hermansart. — Confrérie de la Miséricorde en faveur des Trépassés. — Notice sur le voyage du Roi à St-Omer. 1827-1903, — 5 brochures.

980. **H. B.** Le Bedeau de Saint-Omer. Homme du dévouement perpétuel. *St-Omer, Fleury-Lemaire*, in-8, 122 p.

981. **Confrérie** de la Ste-Trinité pour la rédemption des captifs, érigée en l'égl. de Ste-Marguerite à St-Omer. — Livret d'agrég. à la confr. de N.-D. du Rosaire en l'égl. de St-Denis, etc. *St-Omer, Fertel et Chanvin*, 1789, 1804, 2 br. in-32.

982. **Dissertation** histor. et critique sur l'origine et l'ancienneté de l'abb. de St-Bertin et sur la supériorité qu'elle avait autrefois sur l'Eglise de St-Omer, par un relig. de St-Bertin. *Paris, Jacq. Guérin*, 1737, in-16, 400 p.

983. **La vérité** de l'hist. de l'Egl. de St-Omer et son antériorité sur l'abb. de St-Bertin, ou réfut. de la dissert. hist. et critique sur l'origine et l'ancienneté de l'abb. de St-Bertin. *Paris, Le Breton*, 1754, in-4, XX-446 p., rel.

984. **Idem**. Autre ex. br.

985. **Hermand** (Alex.). Recherches sur la question d'antériorité et de paternité entre les deux monastères primitifs de la ville de St-Omer, dans ses rapp. avec l'hist. des commenc. de cette ville. *St-Omer, Chanvin, s. d.*, in-8, 144 p.

986. **Laplane** (Henri de). Les Abbés de St-B., d'après les anc. monum. de ce monastère. *St-Omer, Chanvin*, 1854, 2 vol., XXXIII-400 et 734 p., av. planches, demi-rel. v., n. rogné.

987. **Haignеré** et **Bled**. Les Chartes de Saint-B, d'après le gr. Cartul. de dom Ch.-Jh Dewitte (t. II, fasc. 1 et 3 ; t. III, fasc. 1 et 3 ; t. IV, fasc. 1). *St-Omer, d'Homont*, 1895, in-4, 5 vol.

988. **Le crapaud** et le lézard de l'abb. de S. Bertin ; — Hist. des pauvres Clarisses angl. de Gravelines ; — Antoine de la Houssoye, abbé de Clairmarais ; — Une page d'hist. locale : l'expulsion des RR. PP. Carmes. *St-Omer*, 1858-1880.4 broch.

989. **Deschamps de Pas.** Recherches histor. sur les établ. hospitaliers de la ville de Saint-Omer (de l'origine à l'an V). *St-Omer, Thumerel*, 1877, in-8, 494 p.

990. **Guillemin** (Léon). Chroniques locales (sur Aire-s.-l.-Lys). Beffroi et Hôtel de Ville ; égl. N.-D. ; château de Malannois ; Lydéric ; tournois ; bailliage ; N.-D. Panetière, etc. *Aire, Guillemin*, 1894-1895, in-12, 3 vol.

991. **Id**. Les Sièges d'Aire. *Aire, Guillemin*, 1894, in-12, 2-168 p.

992. **Bellum septimestre,** sive Aria a gallis obsessa, et capta moxque ab Hispano recuperata. Anno M.DC.XLI, auctore J. Humetzio, presb. Ariensi... Audomari, typis viduæ Caroli Boscardi, sub signo nominis Jesu, 1644. In-4, 115 p. et 3 fts. lim. vign. bois et frontis., gravé aux armes. — *Rare*.

993. **Rouyer** (Jules). Preuves numism. des sièges d'Aire des XVIIe et XVIIIe siècles. *Blois, Dezairs*, 1847, in-8, 15 p.

994. **Aire**. Rapp. au Min. sur les archives, établ. de l'Impr., St-Quentin, par Morand et de Loisne, 3 p. in-8.

995. **Aire**. Hist. du Chef de S. Jacques le majeur ; — Notre-Dame Panetière, par Van Drival. *Arras-Aire*, 1860-1886, 2 br. av. pl., par Robaut.

996. **Aire**. Description de l'église St-Pierre. — Guide du visiteur. — Notice sur l'église Notre-Dame. — Le bailliage d'Aire, par le baron Dard et Van Drival. 4 broch. in-8, 1865-1888, 57, 56, 44 et 48 pages, planches, par Desavary.

997. **Dard** (baron). Notice sur la maison des Dévotaires d'Aire. — Refuge de l'abbaye de Ruisseauville à Aire. — Egl. N.-Dame. *St-Omer-Arras*, 1878-1888, 3 br. in-8, 56, 44 et 30 p.

998. **Ranson** (juge de paix). Histoire d'Ardres, depuis son origine jusqu'en 1891. *St-Omer, Impr. du Mémorial Artésien* (*s. d.*), gr. in-8, 719 p. av. eaux-f.

999. **Lamberti,** ardensis eccl. presbyt. — Chronicon Ghisnense et Ardense (918-1203), publ. avec texte franc. en regard, par le Mis de Godefroy Ménilglaise. *Paris, Renouard*, 1855, in-8, av. fac-simile, cartes, etc., demi-rel. chagr., ex-libr. aux armes de Coussemaker.

1000. **Petites hist.** du canton d'Audruicq ; — les grands baillis d'Audruicq et pays de Brédenarde (1692-1790), par Piers et Pagart d'Hermansart. *Aire et St-Omer*, 1843-1893, 2 br. in-8.

1001. **Deschamps de Pas** (Louis). Notice hist. sur Avroult par l'abbé Robert. 1846, 34 p. — Orfèvrerie du XIIIe siècle. La Croix de Clairmarais. *Paris*, *V. Didron*, 1855, in-4, 11 p., av. 4 pl. dess. par Deschamps de Pas, gr. par Sauvageot.

1002. **Id.** Autre ex. Manque 2 pl.

1003. **Laplane** (Henri de). Éperlecques. Ses seigneurs, son ancien château, son église, sa vieille tour. — Extrait des Reg. du Conseil d'État concern. le centième (1750). *St-Omer*, *Fleury-Lemaire*, 1872, in-8, 196 p. et plac. in-f° de 7 p.

1004. **Laplane** (H. de). Éperlecques. Autre exemplaire.

1005. **Robert** (l'abbé). Notice hist. sur l'anc. ville et comté de Fauquembergues. *St-Omer*. *Van Elslandt*, 1844, in-8, 164 p.

1006. **Laplane** (H. de). L'Église de Fauqu., 2 br. in-4 et in-8. *Arras*, *Topino*, et *St-O.*, *Fleury-Lemaire*, 3 pl. par A. Robaut.

1007. **Id.** Autre ex., sans pl.

1008. **Le camp d'Helfaut** et les gr. manœuvres de 1874 ; — Hist. et culte de St-Liévin, à Merck-s.-L. ; — les Matelots boulonnais à Merck-s.-L. — Notice hist. sur Merck, par Cardev., Robert et de Laplane. *Arras-St-Omer*, 1842-1874, 4 br.

1009. **La pureté de la foi de J.-F. Fenez,** ci-dev. curé de Mont-Bernanchon, vengé et défendu contre un ms. public et anonyme qui le taxe de sentim. pervers et hérétiques. — Chartes inéd. du prieuré de Renty ; — Renty, château et seigneurs ; — Roquetoire (église) ; 1753-1793, 6 br. in-4 et in-8.

1010. **Leroy** (Louis). Histoire d'une chrétienté depuis Jésus-Christ jusqu'à nos jours (Roquetoire). *Arras*, *Planque*, 1871, in-8, 618 p. pap. vergé.

1011. **Brief** et vray recit de la prinse de Térouane et Hédin, avec la bataille faite à Renty, 1553-1554, par Jacques Basilic-Marchet, s[r] de Samos, en latin et en français, suiv. les éd. impr. à Anvers, 1555. *Réimpr. Paris*, *Techener*, 1874, in-8, 124 p. pap. vergé, cart. bradel, n. rogné. — *Rare*.

1012. **Thérouanne**, Fauquembergues, Renti, par Piers ; — notice expl. du plan d'un siège de Thér. de la Tour de

Londres, par Legrand ; — une Ville disparue, par l'abbé Bled ; — Abbés de St-Augustin-L.-Thér., par de Loisne. *Paris-St-Omer-Lille*, 1833-1906, 4 br. in-8, av. plans.

1013. **Thérouanne, La Montoire et Tournehem.** Sièges auxil. de l'év. de Thér. ; — plans ; — Chartes inédites du Chapitre ; — Visite à l'église de Tournehem, par Legrand, de Monnecove, Haigneré, de Loisne. 5 br. in-8 et in-16, av. pl.

1014. **Deschamps de Pas** (L.). Not. descr. des Méréaux, trouvés à Thér. et que l'on peut attribuer à cette ville. *Bruxelles, Gobbaerts*, 1871, in-8, 125 p. av. 20 planches dess. par l'auteur.

1015. **Duchet** et **Giry**. Cartulaire de l'église de Térouane. *St-Omer, Fleury-Lemaire*, 1881, gr. in-4, 437 p.

1016. **Id.** Autre exemplaire.

1017. **Bled** (chan.). Registres des évêques de Thérouanne (500-1553). *St-Omer, d'Homont*, 1904, in-4, t. I, f. 3.

SAINT-POL

1018. **Turpin** (Thomas). Comitum Tervanensium seu Ternensium, modo S. Pauli... *Douai, Ch.-L. Derbaix*, 1731, in-8, 406 p., 8 f. lim. et 6 de tables, dem.-rel.

1019. **St-Pol.** Les soc. musicales. — La chapelle du St-Esprit. — Scène de l'anc. Carnaval. — Le bois de la ville. — Culture de la vigne. — Lettre du comte de St-Pol au prince de Condé. — Doc. extr. des archives. — Notice sur le musée, par Edmont. *St-Pol, Pétain*, 1895-1907, — 8 br. in-8.

1020. **Le carnaval** de St-Pol, vaudeville en un acte par Milon, greffier en chef du tribunal de St-Pol. *St-Pol, Massias*, 1831, in-8, 28 p.— Not. sur le musée de St-P., par Edmont, 2 p. in-8.

1021. **Desconfiture** des Hennoyers. S'ensuyt la rencontre faicte entre Sainct-Pol et Béthune, etc. *On les vend à Paris en la rue Neufve Nostre Dame, à l'enseigne de l'Escu de France*. Réimp. goth. *Chartres, Durand*, 1878, in-12.

1022. **Catalogue** de la Bibl. de St-Pol. *St-Pol, Becquart*, 1869, in-8, 215 p., ex-libr. aux arm. de Cardevacque.

1023. **St-Pol.** Dictionnaire hist. et archéol. arrond. de St-Pol, t. I. — Impôts, fermes, adjud., 1788. — Livraisons du puits artésien; mort d'un comte de St-Pol; monnaie d'un comte de St-Pol, confrérie des Archers, etc. — Physiologie de la médecine et des médecins. *Arras-St-Pol*, — 1 vol. et broch.

1024. **Cour royale** d'Amiens. Appels correctionnels, 5 et 6 janvier 1835. Boulanger, procureur du Roi à St-Pol, qui dansait au cabaret (*Arras, Degeorge*, in-8, 23 p.). — Affaire Gosse de Gorre (outrages au sous-préfet de St-Pol).

1025. **Mémoire** pour Bourgois (de Blingel), ancien militaire condamné en 1816 et gémissant dans les fers quoique innocent (le libraire Topino, d'Arras, avait ouvert un registre de secours en sa faveur), signé par Disous, son beau-père, et Neuvéglise, avocat.

1026. **Biographies.** Danvin, par d'Héricourt, avec bibliographie (*Arras*, 1871, in-8, 40 pages). — Le général Deplanque, par Pruvost. — Inaug. à Savy-Berlette du buste d'Emile Decroix (1902), par Advielle, 48 p., lithogr. — A.-J. Ducrocq, curé-doyen de Bours-Maretz (1860), par Ledru, d'Avesnes. — Guillard de Beaurieu (1728-1795), par Edmont.—Ledru, maire d'Avesnes-le-Comte (1892), par Cardev. — Le Chanoine Stalin, avec œuvres choisies et portrait par Rambure (1900, 123 p.). — De Richoufftz de Manin (1861). — 9 broch. in-8.

1027. **Th. Pruvost.** Le général Deplanque (1820-1889). — Crimée, Mex., Alg., armée de la Loire. *Paris, Lavauzelle*, 1902, in-8, 334 p. plus 3 br. du même. — 1 vol., 3 br.

1028. **Dr Danvin** et **Billet** (Hospices canton., assistance hosp. en France, 1853). — Dr Ledru (trad. de l'*Epitome* de J. Franck, 1841). — Paupérisme, mendicité, 1846. — Dr Richoufftz (mort de saint Louis, 1845). — 4 br. in-8.

1029. **Ledru.** Hist. d'Avesnes-le-Comte, ancienne ville de la province d'Artois. *Avesnes-le-Comte*, 1878, in-8, 186 p. av. pl.

1030. **Id.** Autre exemplaire.

1031. **Notice** sur le château d'Anvin. — Bataille d'Azincourt. — La bataille d'Azincourt, d'après le ms. du château de Tramecourt, par Robitaille, de Loisne, etc. *Arras-Paris-Valenciennes*, 1835-1898, 4 br. in-4 et in-8, av. pl.

1032. **Avesnes-le-Comte.** Not. sur l'église ; — rapport sur les découvertes, par de Linas et Ledru. *Arras*, 2 br. in-4 et in-8.

1033. [**Cuvillier**]. Aubigny. Hist. de St Kilien, év. mission. de l'Artois au VIIe s. *Lille, Lefort*, 1861, in-12, XII-18 et 141 p.

1034. **Id.** Autre exemplaire.

1035. **Cardevacque** (Ad. de). Histoire de l'abbaye d'Auchy-aux-Moines. *Arras*. 1875, in-8, 255 p., pap. vergé, av. pl.

1036. **Fromentin.** Essai histor. sur l'abb. de Saint-Silvin d'Auchy-les-Moines. *Arras, Bradier*, 1876, in-12, 162 p.

1037. **Id.** Autre ex.

1038. **Terninck.** Notice sur l'abb. et l'église d'Auchy-l.-Hesdin. *Arras, Topino*, 1852, in-4, av. 2 pl. par Robaut.

1039. **Fromentin.** Essai hist. sur les abbés et l'abb. d'Auchy. *Arras, impr. du Pas-de-C.*, 1882, in-8, X-392 p., av. pl.

1040. **Id.** Autre ex.

1041. **Vitasse** (abbé L.). Auxi-le-Château. Histoire et description. *Lille, L. Danel*, 1894, in-8, 400 p., av. pl.

1042. **Blangy** : Ste Berthe ; — Bours-Maretz : château ; Cercamps : La bête cantereine, légende picarde ou orig. commune des abb. de Cercamps, Claircamp et Oreamp, par l'abbé Robert, Terninck et Labour. *St-Omer-Arras-Amiens*, 1850, 3 vol. in-8 et in-4, av. pl.

1043. **Parenty** (channe). Histoire de sainte Berthe et de l'abb. de Blangy ; — Hist. de sainte Bertille et de l'abb. de Marœuil. *Arras, Brissy*, 1846-1847, in-18 en 1 vol. cart. av. fig.

1044. **Parenty** (channe). Hist. de sainte Berthe et de l'abb. de Blangy. *Arras. Brissy*, 1846, in-18, 154 p., fig.

1045. **Cardevacque** (A. de). Histoire de l'abbaye de Cercamp. *Arras, Sueur-Charruey*, 1878, in-8, 284 p. av. pl.

1046. **Tailliar** (Paul). Notices hist. sur Heuchin et sur Pernes. *St-Pol, Becquart*, 1864 ; *Lille, Lefort*, 1863, 2 br. in-8.

1047. **Rapport** sur les fouilles de Lisbourg en 1889, par Loriquet. — Pernes, par Tailliar. *Arras, Lille*, — 2 br. in-8.

1048. **Damiens,** régicide, né à La Thieuloye. Pièces originales et procéd. du procès. *Paris, P.-G. Simon*, 1757, 2 vol. in-12, LXXXIV-283-84 et 528 p., rel. pleine, v., dos orné.

1049. **Idem.** Pièces originales. *Paris, P.-G. Simon*, 1757, 4 vol. in-12, rel. pleine, dos orné.

1050. **Idem.** Les iniquités découvertes ou recueil des pièces curieuses et rares qui ont paru lors du procès de Damiens. *Londres*, 1760, in-12, 192 p. — Charges du procès de M. Lescalopier, intend. de la généralité de Montauban. *S. l.*, 1756, rel. en 1 vol. pl. veau, dos orné.

1051. **Id.** A Nosseigneurs de Parlement en la grand'Chambre suppl. humbl. Dom. Gautier... (impliqué dans le procès Damiens). *Paris, d'Houry*, 1758, in-4, 32 p.

1052. **Lamourette** (de l'Académie d'Arras). Les Délices de la Religion, ou le pouvoir de l'Evangile p. nous rendre heureux. *Paris, Mérigot*, 1788, in-12, LIX-367 p.

Sociétés savantes et archéologiques — Almanachs historiques et statistiques

1053. **Académie d'Arras.** Mémoires, tome I-III (1re série). Électricité, médecine et chirurgie, par les Drs Leviez, Duchâteau, Mercier et Carault ; — géogr. hist. natur., belles-lettres, manuf., fabrique de sucre, par Crespel-Dellisse ; filature Catté frères ; machines Hallette ; art vétérinaire, par Hurtrel d'Arboval, etc. — Tête de série, *très rare*. *Arras. Topino*, 1818-1820, 3 vol. in-8, av. pl.

1054. **Idem.** Tomes, 6, 12 à 38 (1re série). *Arras, Topino, Courtin*, 1824-1866, 29 vol. in-8 (en grande partie épuisés), av. pl.

1055. **Idem.** Tome 1 à 37 (2e série). *Arras, Courtin, Rohard-Courtin et Guyot*, 1867-1906, 37 vol. in-8, av. planches.

1056. **Table** des matières de l'Académie d'Arras. *Arras, Courtin et Rohard-Courtin*, 1854 et 1892, 2 vol. in-8.

1057. **Académie d'Arras.** Lettres patentes et autres pièces (*Arras, Nicolas*, 1778) ; — Statuts généraux, règl. intérieur (1817-1895) ; — Origine de l'Académie, par Cavrois (1866) ; — Les fondat. de l'Académie, par Cardevacque (1884) ; — Hist. de l'Académie, par Van Drival (1872) ; — Fêtes du Centenaire (1874) ; — Sujets au concours de 1817 à 1854. *Arras, Nicolas, Courtin et Rohard-Courtin*, 1778-1884, 1 vol. et 13 br., in-8.

1058. **Idem.** Autre lot. Statuts et règlemt. Histoire, origine, voyages autour de mon fauteuil, par de Cardevacque et Cavrois, centenaire. *Arras, Boutry, Courtin et Rohard-Courtin*, 1819-1884, — 1 vol. et 10 br. in-8.

1059. **Idem.** Discours de récept., réponses, rapports sur les concours, etc. [H. Boulangé, E. Carlier, L. Cavrois, J. Chavanon, A. Deramecourt, prix Braquehay, par le même; M. Dutilleux, M. Hervin, Ant. et P. Laroche]. *Arras, Courtin et Rohard-Courtin*, 1856-1902, — 12 br. in-8.

1060. **Idem.** [J. Leloup, de Linas, Loriquet, Paris, Planque, Raffeneau de Lille, L. Rambure, C. Rohard, Van Drival, Viltard, Viseur, Trannin]. *Arras, Courtin et Rohard-Courtin*, 1853-1901, 13 br. in-8.

1061. **Id.** Autre lot. St., règl., orig., cent., discours : Cavrois, Chavanon, Boulangé, Leloup, de Linas, Paris, Planque, Rambure, Viseur et Viltart. *Arras*, 1817-1902, 15 br. in-8.

1062. **Société des Antiquaires de la Morinie.** Mémoires, 1833-1860 [Tête de série avec 4 fasc. atlas des tomes V, VI, VII et IX. *Très rare. St-Omer, Chanvin*, et *Thumerel*, etc., 1834-1860, 10 vol. in-8, av. pl. et 4 atlas.

1063. **Idem.** Mémoires, 1864-1910, 13 vol. in-8, av. pl.

1064. **Idem.** Bulletin, 1852-1907. *St-Omer, Henry-Lemaire* et *d'Homont*, 1852-1907, 12 vol. in-8, av. pl.

1065. **Société Académique de Boulogne.** Mémoires, 1864-1900. *Boul., Aigre, Devisme*, 1866-1900, 14 vol. in-8, av. pl.

1066. **Idem.** Bulletin, 1865-1904. *Boulogne, Aigre, Hamain*, 1865-1904, 7 vol, in-8.

1067. **Bulletin de la Commission dép. des Monum. hist.** 1re série, t. I-VI; — 2e série, t. I-III. *Arras, Tierny, de Sède, Répessé, Imp. Moderne*, 9 vol. in-8, moins qq. livr. av. pl. par Robaut, Dutilleux, Desavary, etc.

1068. **Mémoires** de la Commission dép. des Monuments hist. 9 livr.(t. I-II) av. pl. *Arras, Répessé, Impr. Moderne*, 1889-1905.

1069. **Statistique monumentale du dépt. du Pas-de-Calais,** publ. par la Commiss. des antiq. dép., t. Ier (Notices sur Lillers, Le Wast, Guarbecques, Oppy, N.-D. de St-Omer, Calais, Montreuil, Bours, St-Léonard, Ablain, Avesnes, etc.). *Arras, Tierny*, 1858, in-4, 22 livr. av. pl., par Gaucherel et Robaut *(très rare)*, manque qq. pl.

1070. **Id.** T. II (not. sur Arras, La Beuvrière, Souchez et Vimy, Heuchin, Hénin-L., Auchy, Wismes, Fressin, Aix-Noulette, Béthune, St-Omer et Aire, etc.). *Arras*, 1860, in-4, 21 livr. av. pl., par Robaut *(épuisé)* compl., moins les nos 4 et 17.

1071. **Id.** T. III (notices sur Clairmarais, Lacouture, les enseignes d'Arras, la Porte-d'Eau et le Rivage d'Arras, la Porte St-Pry de Béthune, Hesdigneul, etc.). *Arras, de Sède, Répessé*, 1860-1907, in-4, 13 livr. av. pl., par Dutilleux, Desavary, etc., moins la 1re livr.

1072. **Epigraphie du dép. du P.-de-C.,** publ. par la Commiss. dép., t. I, 4 fasc. compl. — T. II, 6 fasc. — T. III, 1 fasc. paru. — T. IV, 5 fasc. — T. V, 4 fasc. *Arras, de Sède, Laroche, Répessé, Eloy*, 1883-1904, 5 vol. in-4 en cours, av. pl. photo.

1073. **Union artistique du Pas-de-Calais.** — Bulletin des primes offertes aux membres. (Texte et nombr. planches, par Delaporte, Demory, Desavary, Dubois, Boyenval, Lormier, Thépaut, J. Breton, Boutry, Gousseaume, de Retz, etc., etc. *Arras, Bradier, Maréchal, Répessé*, etc., gr. in-4, 22 livr.

1074. **Revue du Nord**, par Blémont et Carnoy, 1892-1896. *Laval Janin*, 22 nos in-8, av. pl.

1075. **La Revue septentrionale,** organe des Rosati, années

1895-1896, 1897-1899 (art. de Le Cholleux (Brissy), Advielle, V. Barbier, Le Sergeant, Tattegrain, Mousseron, H. Potez, etc.). *Paris*, 4 vol. in-4, grav.

1076. **Sociétés diverses.** Les Enfants du Nord (1893); — Société dunkerquoise (1860-61); — Union géogr. du Nord de la Fr. (1883); — Soc. d'Agr. de St-Omer, mém., exposition (1837-1849), — 5 vol. in-8.

1077. **Annuaire** du Commerce des Arts et Métiers, etc., du P.-de-C., par Bernard. *Arras*, in-32, X-520 p.

1078. **Almanach populaire** et Alm. annuaire du P.-de-C., 1834-1852 (art. polit. et littér. de Leducq, Crépeaux, Fréd. et J. Degeorge, d'Héricourt, etc.). *Arras, Degeorge et Ve*, 19 vol. in-18, av. pl. et caricat.

1079. **Almanach** du Pas-de-C., 1853-1869. *Arras, Lefranc et Rousseau-Le Roy*, — 16 vol. in-18.

1080. **Almanach** adm. et polit. du P.-de-C. — Alm. gén. du P.-de-C. — Petit ann. — Ann. communal d'Arras, 1836-1855. *Arras, Courrier du P.-de-C., Degeorge, Courtin*, 5 vol. in-16.

1081. **Almanach du Pas-de-Calais,** 1879-1896. *Arras, Planque, Laroche.* — 14 vol. in-12, fig.

1082. **Almanach** commercial de la ville d'Arras et du dép., 1861-1883. (Notices sur div. édifices d'Arras. *Arras, Topino, Brissy, Bradier*, — 18 vol. in-12.

1083. **Annuaire,** adresses de la ville d'Arras, par Tourtois; — Indicateur de la ville; — Annuaire-guide, par Clochet. *Arras, Le Male, de Sède et Laroche*. 5 vol. in-12.

1084. **Almanach d'Arras**. Alm. popul.; de la Républ. libérale, 1877-1900. *Arras, Bouvry, Impr. Moderne*, 8 vol. in-12.

1085. **Almanach** de Boulogne-s.-Mer, 1839-1904 (notices et éphémér. hist.). *Boulogne, Watel et Aigre*, 10 vol. in-18.

1086. **Almanach** de Calais, 1844-1849 (notices et art. historiques). *Calais, Leroy*. 6 vol. in-12.

1087. **Almanach** de St-Omer, 1866-1889. — Annuaire de St-Omer, 1875-1879 (notices historiques). *St-Omer, Fleury-Lemaire*, 10 vol. in-12.

1088. **Annuaire** stat. du dép. du Nord pr l'an XII de la Rép., sous. Dieudonné, préfet, par S. Bottin, secr. gén. *Douai, Marlier*. in-8 av. gr. du clocher de Cambrai, rel. v.

Bibliothèques, Archives, etc.

1089. **Catalogue méthod. de la Bibl. communale de la ville d'Arras** (imprimés), par A. Wicquot. *Arras, Sueur-Charruey*, 1885-1890, 4 vol. gr. in-8.

1090. **Catalogue des manuscrits de la Bibliothèque de la ville d'Arras** (publ. par Caron, d'après les fiches de Quicherat). *Arras, Courtin*, 1860, in-8, 700 p. av. pl.

1091. **Catalogue des manuscrits du fonds V. Advielle,** de la Bibl. d'Arras. *Paris, Plon*, 1901. in-8, 269 p. — Catal. (sommaire) des livres impr. et ms. de la Bibl. d'Arras. *Arras, Courtin*, 1879, 2 br. in-8.

1092. **Archives** : Rapport sur les arch. d'Aire, par Morand (1839) ; — Actes relat. à l'Artois, déposés aux Arch. du Nord, par Le Glay (1837) ; — Les Arch. du P.-d.-C., par Loriquet (1888) ; — Arch. révol. ; — Arch. du coll. héraldique (vente 1866). *Aire-St-Omer-Arras-Paris*, 5 br. in-8.

1093. **Catalogue** méth. de la Bibl. de Boulogne-s.-M. (par Gérard). *Boulogne-s.-M., Le Roy-Mabille*, 1865, 2 vol. in-8.

1094. **Catalogue sommaire** des mss. de la bibl. de St-Omer. *S. d.* — Notice hist. sur la bibl. publ. de St-Omer, par Piers. — Cat. des mss., par le même. — Opinion de la presse sur ce catal. — Vie manuscrite de St. O., par de Linas. — Une bibl. de chan. au XVe s., par Bled. — Catal. de la bibl. de St-Pol. *Lille-Aire-St-Omer-St-Pol*, 1840-1884, 7 br. in-8.

1095. **Notice** sur la Bibl. publ. de Douai, par le ch. Dehaisnes. — Catalogue méthod. des Imprimés de la bibl. de Douai, par B. Rivière. — Catal. des mss. de la bibl. de Douai (supp.), par le même. *Douai-Paris*, 1868-1902, 2 br. et 4 fasc. in-8.

1096. **Ventes locales**. Cat. de livres, mss., autogr. et archives de MM. Bigant, Blondeau, Boistel, Brissy, Caron, Cardevacque, Crocquefer, Dancoisne, Dard, Dubois, 10 br. in-8.

1097. **Idem.** Cabinets Dinaux, Dupuis, Fréchon, Fromentin, Godin, Haigneré, Henneguier, Herbet, Leclerc, Legrand, Lefebvre, Quenson, du Hamel, Bellenglise, Renard, Taffin de Giv., Van Drival. — 17 broch. in-8.

1098. **Idem.** : Boistel. Caron, Dancoisne, de Cardevacque, Dard, Godin, Henneguier, Legrand, Quenson, Renard, Van Drival. — 12 br. in-8.

1099. **Idem.** : Caron, Cardevacque, Dancoisne, Dubois, Fréchon, Godin, Haigneré, Henneguier, Legrand, Quenson, Renard, Taffin de Giv., Van Drival. — 14 br. in-8.

1100. **Catalogues** de livres vendus à St-Omer de 1860 à 1901 (14 ventes). — Prospectus bibliogr. d'ouvrages parus sur l'histoire du Pas-de-Calais. — Cat. de livres en lecture chez Doré-Duvinage et Galand, libraires d'Arras (1830). 1 lot.

CARTES ET PLANS

Artois — Flandre — Hainaut — Picardie

1101. **Artois.** Atrebatum regionis vera descriptio Joanne Surhonio Montensi auctore 1603 (sur cuivre, av. cartouches; éch. de 82 mill. pr 6 milles). — Extr. du Théâtre de l'Univers d'Orthelius. Notice sur l'Artois au dos. In-fo double.

1102. **Artois.** Artesia comitatus per Gerard. Mercatorem (1607) sur cuivre, av. cartouches; éch. de 10 mill. 1/2 par mille d'Artois. Extr. de l'Atlas de Mercator, gr. marges. Notice sur l'Artois au dos. In-fo double.

1103. **Artois.** Atrebatum regionis vera descriptio. Joh. a Dostechum junior fecit (1625) sur cuivre, av. cartouches, éch. de 10 mill. par mille. Extr. de la descript. des Pays-Bas, de L. Guicciardin. In-4 double.

1104. **Artesia** comit : per Gerardum Mercatorem (1630) (sur cuivre, entièrt coloriée ; av. deux cartouches ; éch. de 10 mill. 1/2 par mille d'Artois). In-fo double ; av. tableau des jurid. d'Artois au dos.

1105. **Artesia** descr. : Johanne Surhonio Montensi ; auctore Petrus Kœrius excudit (vers 1640) (sur cuivre; dans un cart.: vue d'Arras, avec personnages et animaux ; écu d'Artois. — Ech. de 34 mill. pour 2 milles allemands. In-f° double).

1006. **Artesia** comitatus. Artois. Amsterdami, apud Guiliermum Blæuw (1643) (sur cuivre ; beau cartouche pour le titre surmonté des armes d'Artois. Ech. de 2 milles allem. et de 3 milles fr. Au verso descript. de l'Artois, gr. in-f° double. — (Extr. du Théâtre du Monde).

1107. **Carte des Comtés d'Artois et Boulenois,** par du Val, géogr., 1646, gr. cuivre, par A. Peyronin. *Paris, Mariette.* (Ech. de 19 mill. par lieue de Fr. ; — beau cart. aux armes d'Artois). In-f° double.

1108. **Le comté d'Artois, suiv. qu'il est présent. divisé en François et Espagnol,** par Sanson. *Paris, Jaillot,* 1674, (sur cuivre ; gr. cartouche à 2 pers. costume du temps ; éch. de 68 mill. pour 10.000 pas. géomét.) gr. in-f° double.

1109. **Tabula** comitatus Artesiæ emendata ; a Fr. de Wit (vers 1700) sur cuivre ; cartel avec fines grav. représ. la Paix et Hercule ; éch. de 29 mill. par mille de Fr. ; gr. in-f°, d. color.

1110. **Geographica Artesia** comitatus tabula, per Nicol. Visscher (vers 1702) (sur cuivre, sup. cartel soutenu par des amours et deux autres tenant l'écu d'Artois, éch. de 27 mill. par mille de Fr., tracé des routes, lim. des circonscr.) color. gr. in-f° double.

1111. **Le Comté d'Artois,** avec le comté de St-Paul (vers 1697) (sur cuivre, vue d'Arras et écu d'Artois, éch. de 7 mill. par lieue de Fr., petit in-f° simple).

1112. **Carte d'Artois** et des env. où l'on voit le ressort du Conseil prov. d'Artois, par G. de l'Isle. *Paris,* 1704 (sur cuivre, gravé par Bercy, gr. cartouche aux armes d'Artois, éch. de 92 mill. pour 5 lieues d'Art), gr. in-f° double.

1113. **Carte** du ressort du Conseil d'Artois et des environs, 1741 (sur cuivre, éch. de 3 lieues, belle carte dressée pour les *Coutumes d'Artois,* de Maillart où elle manque souvent).

1114. **Carte** particul. des env. d'Artois, du Boulenois et d'une partie de la Picardie. *Bruxelles, Eug. Fricx*, 1708 (cuivre, gr. par Harrewyn, éch. de 2 lieues de Brabant), gr. in-f° d.

1115. Double du précédent.

1116. **Carte d'Artois** et des environs où l'on voit le ressort du Conseil d'Art., par G. de l'Isle. *Paris*, juill. 1711 (sur cuivre, éch. de 2 lieues d'Artois), gr. in-f° double.

1117. Double du précédent.

1118. **Nouvelle descript.** du Comté d'Artois, de Flandre mérid. etc., d'après G. de l'Isle, Fricx, etc., par R. te J. Ottens. *Amsterdam*, vers 1720 (sur cuivre, éch. de 4 gr. lieues de Fr. de une heure), gr. in-f° double, color. entièrement.

1119. **Carte** des env. de Béthune, Douay, Arras, Bapaume, Dourlens, Hedin, Léeluse, St-Pol et autres, 1743. *Paris, Crépy* (sur cuivre, d'après Fricx, éch. de 2 lieues 1/2 de Fr.) gr. in-f° double.

1120. **Carte** de la prov. d'Artois, parties septentr. de la Picardie et pays reconquis, par de Vauchelles. *Arras*, en la Cité 1778 (sur cuivre, éch. de 4 lieues d'Artois), gr. in-f° double.

1121. **Gouvernement d'Artois** (v. 1780) (sur cuivre, par Tardieu et Dubuisson, éch. de 5 lieues), in-f° minima double.

1122. **Le Comté d'Art.** (in-4, *s. l. n. d.* (XVIIIe). éch. de 6 lieues).

1123. **Carte** des comtéz de Flandres, Artois et Haynault (par Tassin, XVIIIe s.) (sur cuivre, av. cart., éch. de 5 l.). In-f° d.

1124. Double du précédent.

1125. **Carte** du pais situé entre Péronne, Guise, Mons, Lille et Béthune (XVIIIe s.) (sur cuivre, éch. de 2 l. de Brabant, in-f° d.

1126. **Partie** mérid. de la Châtellenie de Lille, par Baillieu, géogr. (XVIIIe s.) (sur cuivre, éch. de 2 lieues). In-f° double.

1127. **Carte** générale de Picardie et Artois (XVIIe s.) (sur cuivre, av. cartouche, éch. de 10 lieues). In-f° double ; incompl. de qq. fragments au sud.

1128. **Gouvernement** gén. de la Picardie, Artois, Boulenois et

Pays reconquis, etc., par Sanson, d'Abbeville, géogr. *Paris*, *Mariette*, 1651 (cuivre gr. par J. Sommer, cartouche, éch. de 8 lieues). In-f° double, gr. marges.

1129. Double du précédent, limites coloriées.

1130. Même carte (1671). Id., Id.

1131. **Caletentium** et Bononiensium ditionis accusata delineatio. *Paris*, *Nicolas*, 1558 (sur cuivre, tiré d'Ortelius), éch. de 3 lieues de Fr. In-f°, notice au verso.

1132. **Comitatuum** Boloniæ et Guines descriptio. *Amsterdam*, *G. Blaeu* (sur cuivre, coloriée, éch. de 2 milles franç. ; écu de Boulogne et autre en blanc, cart. supporté par 2 amours). In-f° double, av. marges et not. au verso.

1133. **Les Costes** du Boulenois et de la Picardie. *Bruxelles*, *Fricx*, 1709 (sur cuivre, par Harrewyn, rose des vents dans un superbe cart. et navires, éch. d'une lieue de Fr. In-f° d.

1134. **Les Costes** du Boulenois et le Pas-de-Calais. *Bruxelles*, *Fricx*, 1709 (cuivre gr. par Harrewyn, vue des côtes d'Angl. et navires, éch. de 2 lieues de Brabant). In-f° double.

1135. **Carte** particulière des environs de Calais, Boulogne, Ambleteuse, Guînes et coste d'Angleterre, dess. par Fricx. *Paris*, *Crépy*, 1744 (cuivre, éch. de 2 lieues 1/2). In-f° double.

1136. **Carte** du gouvernement de Calais et Pays reconquis (XVIIe s.) (cuivre, par de Beaulieu, ing. du Roi, cartouche et riche encadr., vaisseaux, etc.). In-f° double.

1137. **Cartes** des gouvernements d'Ardres, Boulongne, Calais et environs, Hesdin, Mont-Hulin, Montreuil, Pas (cuivre, par de Beaulieu, éch. de une et 2 l.), 10 pièces pet. in-4.

1138. **Carte** des Gabelles (de France). *S. l. n. d.* (XVIIIe s.) (cuivre, contenant les divis. teintées et prix du sel dans les div. circonscript.). In-f°.

1139. **Evesché** de Boulogne où sont les comtés, sénéch. de Boulenois, baill. de Calais dans le Pays reconquis, souveraineté d'Ardres, etc., par Sanson. *Paris*, 1656 (cuivre gr. par R. Cordier, d'Abbev., éch. de 4 lieues de France). In-f° d.

1140. **Carte** des anc. dioc. d'Arras, Boul. et St-Omer, en 1789, av. les divis. act. du dioc. d'Arras, 1857. *Douai, Robaut*, Lith., gr., in-f° double.

1141. **Carte** de l'anc. dioc. de Thérouanne, avant 1553, et des dioc. de Boul., St-O. et Ypres. *Douai*, lith. gr. in-f° d.

1142. **Plans** et cartes des villes d'Artois (avec les forts Rebus et Hennuin), par le Chev. de Beaulieu le Donjon (XVIIe s.), grav. sur cuivre, par Cochin et Pérelle (album in-12 obl., av. front. personn. allég. avec écu d'Artois. 45 planches).

1143. **Carte** Cassini (Flandre, Artois, Picardie), 1758. (gr. sur cuivre, 9 pièces grand in-f°.

1144. **Carte** gén. de la Navigation des prov. de Flandre, Picardie et Soissonois (gr. s. cuivre par Chalmandrier et Niodot, beau front. aux armes de l'Intendant d'Agay). In-f°.

1145. **Lot de cartes** du P.-de-C. (grav. et lith. de la Révol. à la Restauration, avec vues. 12 pièces in-f°, in-4 et in-12.

1146. **Autre lot** : Champ de bat. des Hauts Alliés entre Vitry et Montigny (1710) ; carte du P.-d.-C. (empire) et cartes état-major (cuivre et lith.). 6 pièces in-f° et in-4.

1147. **Autre lot** : cartes archéol., voies romaines, cartes milit. champ de bat. (1710), carte rout. arr. de Montreuil (cuivre et lith.). 11 pièces in-f° et in-4.

Arras

1148. **Atrebatum** episcopalis et metropolita Artesiæ civitas (1574), par Braun (vue perspective, sur cuivre, 140×467 mill., 3 pers. au 1er plan. *Rare*).

1149. **Arras,** urbs Artesie fertilissima primaria (1580) (petit pl. cavalier gr. sur cuivre, par F. Valezio, 84×128 mill. Ecu d'Artois et personnages.

1150. **Arras**. Attrebatum, fertilissimæ Artesiæ urbs primaria, elegantissimo situ, opere, episcopatu, templis augustiss. quorum S. Mariæ, et Vedasti præcipua, e nobilis viris præstans (1581) (vue caval. s. cuivre av. l'écu d'Artois et deux personnages, 335×471 mill., notice en latin au verso).

1151. **Plan de la ville** et des environs d'Arras, 1590. Restit. au XVIIIe s., par l'architecte Posteau, autogr. Dutilleux (Arras, 1867), in-fo double, pap. vergé, colorié.

1152. **Atrecht.** Arras. Adr. de S. Huberto excudit cum privil. Regis (vers 1598) (sur cuivre, comménor. de l'attaque d'Henri IV, franc. allemand) 189×273 mill. pl. cav. aux armes d'Artois, av. troupes assaillantes. *Rare.*

1153. **Id.** Autre exemplaire.

1154. **Arras** (1625). Plan cavalier (s. cuivre, 233×303 mill., écu d'Artois et personnages).

1155. **Atrecht Arras** oder **Attrebatum** (1632). Plan allemand (s. cuivre, 142×185 mill., écu d'Artois, notice sur 2 col).

1156. **Arras.** Atrecht. Vue cavalière (XVIIe s.) (sur cuivre, 143×533 mill.).

1157. **Währer Gründtriss** der besten Statt *Arras*, und wie solche dùrch Ludwig den XIII König in franckreych und Navarra belägert und erobert worden, anno 1640 (sur cuivre, 287×327 mill.).

1158. **Vue** perspective de l'attaque d'Arras (1640) (sur cuivre, *s. l. n. d.*, 120×500 mill.).

1159. (**Plan** des circonvallations du siège d'Arras de 1640), par della Bella. *Paris*, 1641 (s. cuivre, 370×505 mil. Perspect. de la ville et vue caval. de convoi et de troupes).

1160. **Plan et siège d'Arras** (1640). — La puissante et superbe ville d'Arras, ajoutée aux trofées de Louys XIII roy, par Jean Blaeu (1648) (sur cuivre, 420×529 mill., av. notice en latin au verso), in-fo double, gr. marges.

1161. **Plan** du camp de César près la ville d'Arras ou estoit campée l'armée du Roy très chrestien Louis XIII, etc... en l'année 1644 (lire 1654), par de Beaulieu (sur cuivre, 403×501 mill., trophées, cavaliers; en bas, carte du gouv. d'Arras), épreuve in-fo double, ancienne.

1162. **Idem.** Tirage de la calcogr. du Louvre, gr. marges.

1163. **Levée du siège d'Arras,** le 25 août 1654, par les maréch. de Turenne, de la Ferté et d'Hocquincourt, par le s[r] Cocquart (sur cuivre, 233×369 mill.).

1164. **Plan** du siège mis dev. la ville d'Arras, par l'archiduc Léopold... et du secours donné le jour de S. Louis, 1654, par MM. de Turenne, de la Ferté Sennetaire. et d'Hocquincourt. (s. cuivre, 195×272 mill.).

1165. **Plan** du siège mis devant la ville d'A. par l'archiduc Léopold..., par Beaulieu (sur cuivre), 590×450 mill.), épr. anc.

1166. **Arras,** wie es von denen Frantzosen bevestiget und mitt einer citadelle, versechen worden, par I. G. Bodenehr. Notice et lég. allemand (sur cuivre, 152×191 mill.).

1167. **Arras-en-Artois** (1654). Vue persp. (par Cochin) (sur cuivre, 450×540 mill.), épr. anc., riche encad.., gr. marges.

1168. **Atrebatum,** Gallis. **Arras,** Belgis. **Atrecht** dicta (v. 1657). Vue caval. publ. par Blaeu (sur cuivre, 492×502 mill.).

1169. **Entrée de la Reine,** dans A., en 1667, par Van der Meulen (gr. par R. Bonnart, 380×960 mill., calcogr. du L.).

1170. **Arras** ville forte, capitale du comté d'Artois... *Paris, de Fer*, 1705 (s. cuivre, par Van Loon, 203×280 mill.).

1171. **Plan** de la ville et citadelle d'Arras, place forte, etc. *Bruxelles, Fricx*. 1710 (s. cuivre. 377×480 mill.).

1172. Double du précédent.

1173. **Lot de petits plans d'A.** (XVIIe, XVIIIe s.), champ de bat. 1710, les chats et les rats, etc., 5 pièces, gr. s. cuivre.

1174. Citadelle, champ de bataille, 1710, etc., 6 pièces.

1175. **Autre lot :** Attaque d'Henri IV, lith. *(rare)*; les chats et les rats; vues panoramiques, etc., 5 pièces.

1176. **Lot** de plans lithogr. sur Arras (1590-1775), par Dutilleux, Desavary, etc., — 8 pièces.

1177. **Arras.** Lot de plans lithogr., par Dutilleux, Brissy, Répessé, etc., av. vues, — 8 pièces.

1178. **Arras**. Autre lot, lithogr., par Brissy, Dutilleux, Desavary, etc., avec vues, 8 pièces.

1179. **Arras**. Plans archéolog., vues panor. ; les chats et les rats ; lith. par Ménard, Dutilleux. Desavary, etc., 9 pièces.

Bapaume — Béthune — Lens — Lillers — St-Venant

1180. **Plan** de la ville et chasteau de Bappaume au comté d'Art., assiégée par l'armée du Roy, tr. chrest. Louis XIII... en l'année 1641. *Paris, de Beaulieu*, ing^{r}. (v. 1680) (grav. par Cochin. 363×501 mill. av. carte du gouvt. de Bapaume, remise du bâton de mar. au Cte de Guiche, par La Meilleraye, large encadr., épr. anc.

1181. **Id**. Autre exemplaire; épr. de la calcogr. du Louvre.

1182. **Lot** de plans et vues sur Bapaume, petit format (XVIIe-XVIIIe s.). 5 pièces.

1183. **Idem**. Autre lot (XVIIe-XIXe s.). 5 pièces.

1184. **Béthune** in der Graffschafft Artois Augspurg I.-G. Bodenehr fecit (1632), sur cuivre, 132 × 498 mill.).

1185. **Béthune** in der Grafschafft **Artois** gelegen. Augspurg. I. G. Bodenehr, sculp. (1632). (S. cuivre, 145 × 197 mill.).

1186. **Béthune** (1648). (Profil de la ville, gr. sur cuivre, 222 × 527 mill., écus d'Artois et de Béth. *Amst., Blaeu).*

1187. **Plan** de la ville et chasteau de Bét. en Artois, assiégée par l'armée, etc..., rendue le 30 août 1645. *Paris, de Beaulieu, ing^{r}*. (Sur cuivre, 407 × 499 mill., carte du gouv. de Bét).

1188. **Béthune** en Artois (vers 1680). Profil des remparts et de la ville. (S. cuivre, 450 × 535 mill.), épr. anc., gr. marges.

1189. **Idem.**, épr. de la calcogr. du Louvre.

1190. **Veue** de la ville de Béthune en Artois. Prospectus urbis Béthuniæ in Artesia. Gr. vue perspect. (gr. s. cuivre, par F. Bauduin, 468 × 1^{m} 33).

1191. **Béthune** (Attaques des généraux Fagel et de Schoulembourg. *Bruxelles, H. Fricx* (1710), (gr. s. cuivre, 211 × 282).

1192. **Lot** de plans sur Béthune (XVIIe-XVIIIe s.). 3 pièces.

1193. **Plan** de la ville de Lens en Artois, assiégée par l'armée du Roy, etc..., commandée par le mar. de Gassion... (rendue le 3 du mois d'oct. 1647). *Paris, de Beaulieu, ing^{r}* (sur cuivre, 399 × 498 mill., av. carte du gouvern. de Lens, épr. anc., gr. marges.

1194. **Id.**, tirage de la calcogr. du Louvre.

1195. **Le 20e d'aoust**. Bataille de L., 1648. Vue du champ de bat. (s. cuivre, par Cochin, 450×535 mill.), épr. anc., gr. marges.

1196. **Idem.**, épr. de la calcogr. du Louvre.

1197. **Lens**. *Paris, de Beaulieu, ing^{r}.* (Profil de la ville, avec troupes; s. cuivre, par Pérelle, 453 × 560), calc. du L.

1198. **Lens**. Profil de la ville avec l'attaque. *Paris, de Beaulieu.* (S^{r} cuivre, par Pérelle, 445 × 550 mill.), épr. anc., gr. marges).

1199. **Lillers** en Artois. Profil par de Beaulieu (v. 1680). (S. cuivre, par Pérelle, 407 × 499 mill.). — Autre petit plan à l'éch. de 200 toises.

1200. **Plan** de la ville de St-Venant en Art., assiégée par l'armée... commandée par le maréchal de Gassion... (rendue le 2 sept. 1645). *Paris. de Beaulieu.* (S. cuivre, 450 × 540 mill., av. carte du gouv. de St-Venant), épr. anc.

1201. **Idem,** tirage de la calcogr. du Louvre.

1202. **St-Venant** en Artois (par de Beaulieu. XVIIe s.). Profil de la ville avec riche encadr. et personnages. (S. cuivre, 444 × 545 mill.), tirage de la calcogr. du Louvre.

1203. **Plan** de St-Venant avec la circonvallation et l'attaque... (capitul. du 29 sept. 1710). *Bruxelles, Fricx*, 1710. (S. cuivre, gr. par P. Devel, 406 × 470 mill.).

1204. **St-Venant** assiégé et pris en 1710 par le Pr. d'Orange. (S. cuivre, 400 × 461 mill.).

1205. **St-Venant** (1710). Plan de la place avec une perspective à l'angle sup. gauche. (S. cuivre, 302 × 387 mill.).

1206. **Plan** de l'attaque de St-Venant (1710), par Harrewyn. (S. cuivre, 235 × 403 mill.).

Ambleteuse — Boulogne — Calais — Étaples Hesdin — Montreuil

1207. **Lot** de 3 plans d'Ambleteuse. *Paris, de Fer.* (S. cuivre, éch. de 100 et 150 toises).

1208. **Boulogne.** Plans, vues par Peteers (gr. s. cuivre), 4 pièces.

1209. **Boulogne.** Autre lot, par Peteers, distrib. de la Légion d'Honneur, costumes par Lerouge, etc. — 8 pièces.

1210. « **Vray pourtraict** de la ville et chasteau de **Calais,** comme la dicte ville a esté prinse par appoinct. par son ill. A. card. Albert, le 17 d'apvril 1596... » av. autre titre en flamand (s. cuivre. par Hubert, 208×276 mill.). Rare estampe.

1211. **Lot** de plans, vues et profils sur Calais, par Peteers, Van Loon, etc. — 6 pièces.

1212. **Calais.** Vue d'optique coloriée représ. le port (*Paris, Dumont*) ; vue du port avec monum. d'après Nash ; le Bourgeois de Calais. — 3 pièces.

1213. **Le Mont Hulin,** par Peteers, vue persp., plan du fort. 2 p.

1214. **Id.** Autre lot.

1215. **Étaples.** Vue, par Peteers, plan et carte du gouv. 4 pièces.

1216. **Étaples.** Vues, par Peteers, plan et fouilles sur la ferme de Rocquigny, — 4 gr. et litho.

1217. **Étaples.** Autre lot, — 4 gr. et litho.

1218. **Hesdyn-Fort.** Hesdinum oppidum et castrum inexpugnabile, bello inter Cæsarea nos et Gallos æstruante, excitatum (1572), vue caval. du château, rues et bastions, écus vides et pers. (s. cuivre, 331×359 mill.) ; *rare*, épr. anc., not. au v°.

1219. **Idem.** Autre épr. av. notice franc. au verso.

1220. **Hesdinum** (1648). Vue cavalière, armes d'Artois, par Blaeu (s. cuivre, 382×499 mill.), épr. anc.. gr. marges, relation du siège de 1639 en latin.

1221. **Plan** du siège de **Hesdin**. Pour mém. à la Postérité et à la gloire de S. E. Mgr de la Meilleraye... Jan Blaeu, dedie et consacre cette Descript. du siège et prize de la forte ville de Hesdin en 1639 (1648) (s. cuivre, 420×523 mill., beaux cartouches, scène de camp, etc.), ép. gr. marges. Notice au verso.

1222. **Idem**. Autre ex. av. notice latine, formant 3 feuillets.

1223. **Hesdin**. 1639. Artois. Vue de l'attaque (s. cuivre 458×554 mill., riche encadr., et médaillon), épr. calcogr. du Louvre.

1224. **Plan de Hesdin**, ville forte du comté d'Artois, sur la rivière du Cauche. *Brux.*, *Fricx*, 1712 (s. cuivre, gr. par P. Devel, 210×281 mill.).

1225-1227. **Idem** (3 doubles).

1228. **Idem**. Autre lot, — 4 pièces.

1229. **Vue d'Hesdin**, tirage Peteers, plans, lith. P. Legrand, à Abbeville. — 4 pièces.

1230. **Montreuil**. Vues par Peteers, etc., carte du gouv., 5 p.

1231. **Id.**, autre lot, — 4 pièces.

1232. **Id.**, autre lot, — 4 pièces.

Aire — Ardres — Saint-Omer — Thérouanne

1233. **Wahre** Abbildung der vesten statt **Arien** belagert und erobert durch Ludwig den XIII, Koning zu Franckreych und Navarra, im Jahr 1641. (S. cuivre, 282 × 366 mill.).

1234. **Idem**, autre exemplaire.

1235. **Plan** d'Ayre, avec ses forts, lignes de circonvall. et attaques de la ville, assiégée par Loys le 13e l'an 1641, par Blaeu, 1648 (av. titre en flamand). (S. cuivre, 396 × 514), av. petite carte d'Artois et Boulonnais, texte latin au verso.

1236. **Idem**, autre exemplaire.

1237. **Aire** (Pianta delle fortificazioni e prospetto della citta di Aire-sur-la-Lys ; delineata nel 1673). (Sur cuivre, 305 × 438 mill., avec profil des monuments à l'angle gauche sup.).

1238. **Id.**, autre exemplaire.

1239. **Aire**, ville fameuse du comté d'Artois....., le maréchal d'Humières l'assiégea ; elle ne tint que cinq jours et capit. le 31 juil. 1676. (S. cuivre, gr. par Le Clerc, 438 × 375 mill. Vue du siège, plan de la ville, riche encadrem.), ép. de la calcogr. du Louvre, gr. marges.

1240. **Aire** en Flandre, par N. Cochin (1680). (S. cuivre, 406 × 498 mill. Profil de la ville avec siège de 1641), épr. de la calcogr. du Louvre.

1241. **Plan de la ville d'Aire** et du fort St-François, ville forte, etc... *Paris*, *Baillieu*, 1708. (S. cuivre, 380 × 498 mill.).

1242. **Plan** de la ville d'Aire, assiégée par les Alliez... la tranchée fut ouverte la nuit du 11 sept. On battit la chamade le 8 nov. 1710. (S. cuivre, signé P.-V. Cal. 585 × 485 mill.), av. plan de St-Venant assiégé par les Alliés en 1710.

1243. **Plan** de la ville d'Aire et du fort St-François. *Bruxelles*, *Fricx*, 1710. (S. cuivre, par Harrewyn, 350 × 467 mill.).

1244-1245. **Idem**, autres exemplaires.

1246. **Plan** de la ville d'Aire et des env. représ. dans l'état qu'elle étoit lorsqu'elle fut assiégée par les Hauts-Alliés, etc..., prise le 8 nov. 1710. *Brux.*, *Fricx*, 1711. (S. cuivre, par Harrewyn, 471 × 675 mill.).

1247. **Id.**, autre exemplaire.

1248. **Plan** de la ville d'Aire et du fort St-François et de ses trois attaques... levé et dessiné par F.-H. Weber, capit. ingr. *Bruxelles*, *Fricx*, 1711. (S. cuivre, par F. Devel, 428 × 597).

1249-1250. **Idem**, autres exemplaires.

1251. **Aire**, ville forte dans les Pais-Bas et du comté d'Artois, sur la Lis (XVIIIe s.). (S. cuivre, par A. C., 177 × 288 mill.).

1252. **Idem**, autre exemplaire.

1253. **Aire**, Belgice, **Arien**. (S. cuivre, 186 × 260 mill.).

1254. **Id.**, autre exemplaire.

1255. **Aire**. Lot de plans et carte par de Beaulieu, etc. (XVIIe s.), et Dagmer, architecte (1889). — 6 pièces.

1256. **Ardres**. (Plan et siège de 1596, sur cuivre, 210 × 260 mill.), estampe allem. anc. av. marges.

1257. **Id.**, autre exemplaire.

1258. **Ardres**. (Plan et siège de 1596, par A. Huberti, 195 × 277 mill.), estampe anc. av. marges.

1259. **Ardres**. Vue perspective, par J. Peteers. (S. cuivre, 115 × 305 mill.).

1260-1262. **Idem,** autres exemplaires.

1263. **Veue** de la ville d'Ardres, du costé de Calais, par Vander Meulen. (S. cuivre, grav. par Bauduins, 474 × 727 mill.).

1264. **Ardres**. Lot de plans, carte du gouvernement. 6 pièces.

1265. **Plan** de la ville et du siège de Térouanne... assiégée par l'armée imp. de Charles-Quint, le XIII d'avril MDLIII. (S. cuivre, 210 × 310 mill.).

1266. **Tervane**. Vue perspective par Peteers. (S. cuivre, 114 × 315 mill.), épr. ancienne.

1267. **Plan** de l'ancienne ville de Térouane. (Sur cuivre, par Harrewyn, 144 × 195 mill.), épr. ancienne.

1268. **Thérouanne**. Lot de plans et vue lithographiés par Robaut et Desavary. — 5 pièces.

1269. **Thérouanne**. Autre lot. 4 pièces.

1270. **St-Omer**. S. Audomari fanum ; S. Ausmer. Iccius portus Abrahamo Orttelio, Artesii urbi munitissima (1572). (Plan cavalier s. cuivre, 337 × 368 mill.), épr. anc. teintée en jaune, marges, notice en latin au verso.

1271. **S. Omer**. Plan cavalier, extr. de Guichardin (1625). (S. cuivre, 155 × 236 mill.).

1272. **Idem,** autre exemplaire.

1273. **Fanum** Audomari, vulgo St. Omer (1648). Plan cavalier. (S. cuivre, 379×485, écusson d'Artois, cartouche ornemental), épr. av. marges, extr. de Blaeu, notice en latin au verso.

1274. **St-Omer,** ville forte dans le comté d'Artois... prise sur les Espagnols en 1677. (S. cuivre, 176 × 229 mill.), av. marges.

1275. **Saint-Omer,** veu du costé du fort de Bournonville, assiégé et pris par l'armée du Roy sous le command. de M. le duc d'Orléans, en avril 1677. Dess. par Van der Meulen. (S. cuivre, par R. Bonnart, 588 × 512 mill., le Duc d'Orléans et officiers au 1er plan).

1276. **S. Omer.** Fortifications, av. vue perspective dans l'angle supérieur droit. (S. cuivre, 311 × 416 mill.).

1277. **S. Omer** et Thérouanne. Vue, plans, carte, par Peteers, de Beaulieu et Robaut. (Sur cuivre et lithogr.). — 5 pièces.

1278. **Plan** de la ville de S. Omer, avec les forts des environs. *Bruxelles*, *Fricx*, 1710. (S. cuivre, 360 × 482 mill.).

1279. **Vues cavalières**, profils, plans et cartes de gouvernement : Tournay, Coutray, Axel, fort de Terneuse, Sas de Gand, fort Philipine, Dendermonde, duché de Luxembourg, Haute Gueldre, château de Biche, Lixim, comté de Namur, Huy, Mézières, Linchamp, Bouillon, Charlemont, Agimont, Dinant, Maëstricht, Rees, Limbourg, Montmédy, Yvoy, Damvillers, Neufchâteau, Arlon, Nancy, Metz, Toul, Clermont, Tametz, Stenay, La Motte, Ligny, Longwy, Viviers, Mussy, Marsal, Vic, Dieuse. Bruges, Aardenborg, Dame, Dixmude, Icendic, Quenoke, comté d'Alost, Brisach, Huningue, Fribourg, Benfeld, Saverne, Haguenau, Basse-Alsace, Mont-Royal, gr. sur cuivre par de Perelle, Van Loon, Loisel, à échelles diverses, éditées par de Beaurain, géographe à Paris. — 93 gravures en 41 pages in-fo, 115 × 152 mill.

1280. **Cambrai.** Beau plan **Ms.** colorié « tiré par moy Charpentier, pour le service du Roy et que je certifie véritable, à Cambray (XVIIIe s.). (587 × 805 ; manque partie du titre).

1281. **Furnes.** 1700. Beau plan **Ms.** colorié de la ville, avec ses canaux (275 × 375 mill., œuvre d'un ingénieur militaire).

1282. **Furnes.** Plan **Ms.** colorié d'une caserne à faire à gauche de la nouv. porte d'Ypre. 17 juil. 1700. (273 × 389 mill.).

1283. **Gravelines.** Plan **Ms.** colorié de l'église... relativ. à la reconstr. de la tour du chœur, etc. (XIXe s.). (475 × 725 m.).

1284. **Lille.** 1715. Beau plan **Ms.** colorié des ville, citadelle, etc. (445 × 604 mill.). (Œuvre d'un ingr militaire).

1285. **Belle** « **Carte** (manuscrite) des env. de Pont-à-Marque, Mérignies et de Mons-en-Pevèle, avec les retranchemens et redoutes qui défendent ces postes, levée par ordre, la 3e décade de vent. de l'an IIe de la Rép. franç... Fait à Douay le 4 germ. an II ». Signé : Delfosse, adjoint au service des fortifications (avec légende ; 473 × 663 mill.).

1286. **Carte** (ms., coloriée) de la ligne de la Trouille (traversant Givry, Villers-messire-Nicolle, Vieux-Rent, Grandrent, Jumont, Erquelines). Philippart fecit. (Beau plan, 417 × 884.

1287. **Portrait** de la ville d'Amiens, assiégée par le Roy de France et de Navarre. A. Huberti excudit (XVIe s.). (Vue de l'attaque, avec légende ; s. cuivre, 183 × 278 mill.).

1288. **Cameryck**. Cambrai. Plan du siège de 1595. A. Huberti exc. (Vue de l'attaque du comte de Fuentès, camp, etc. ; s. cuivre, 182 × 274 mill.).

1289. **Cambrai**. L'église métr. de N.-D. à Cambrai, par Harrewyn. (Vue de l'anc. cathédr. ; sur cuivre, 140 × 189 mill.).

1290. **Plan** de la ville et citadelle de Cambray, place forte, etc. ...prise sur les Espagnols par Louis le Grand, le 5e d'avril 1677 (sur cuivre ; Baillieu, 1709 ; 380 × 494, épr. av. marges.

1291. **Condé**. Ville forte des Païs Bas, etc... Elle est au Roy depuis l'an 1676. (Sur cuivre, 209 × 266 mill.).

1292. **Plan** (colorié) de Condé, ville forte, etc... Baillieu, 1709. (S. cuivre, 192 × 252 mill.), av. marges.

1293. **Plan** de la ville de Douay et du fort de l'Escarpe. *Bruxelles, Fricx*, 1709. (S. cuivre, 193 × 249 mill.), av. marges.

1294. **Plan** des attaques de la ville de Douay jusq. 3 juin 1710. *Idem*, 1710. (S. cuivre. 246 × 289 mill.), av. marges.

1295. **Plan** de la ville de Furnes, mis au jour par le sr de Beaurain, géogr. *Paris, chez l'auteur* (XVIIIe s.). (Sur cuivre, 381 × 383 mill.), gr. marges.

1296. **Idem**, autre exempl.

1297. **La ville** de Gravelines (fortific. et canaux). (Sur cuivre, 136 × 175 mill.), av. marges.

1298. **Plan** de la ville d'Ipres, investi par S. M. et rendu le 25 juin 1744. *Paris, Bailleul, l'aîné, géogr., et chez Jaillot.* (S. cuivre, par Bailleul l'aîné ; 380 × 482 mill.), gr. marges.

1299. **Plan** de la ville d'Ipres (1744). *Paris, Baillieu* (S. cuivre, 382 × 492 mill.), gr. marges.

1300. **La Capelle.** Vue perspective par Peteers. (S. cuivre, 128 × 306 mill.).

1301. **Plan** des attaques de la ville de Lille, commenc. sous le command. de S. A. le prince Eug. de Savoye... *Bruxelles, Fricx.* 1709. (S. cuivre, 325 × 547 mill., beau frontisp. orné de trophées contenant l'histor., écuss. aux armes du Prince).

1302. **Plan** de la ville et citadelle de Lille. *Paris, Baillieu* (v. 1708). (S. cuivre, 358 × 487 mill.), av. légende.

1303-1304. **Idem.** Autres exemplaires.

1305. **Plan** de la citadelle de Lille. *Paris, Baillieu,* 1708. (S. cuivre, 375 × 483 mill.).

1306. **Plan** de la ville de Saint-Ghillain, située sur la rivière d'Hayne... *Paris, Bailleul le jeune,* 1745. (Sur cuivre, 284 × 371 mill., armes du Cte de Saxe, maréchal de Fr.), av. marges.

1307. **Cartes** des camps des armées de Louis XIV. (Hauterive et Harlebeck, Anssureullle, St Eloivive, Gévries et Felluy, Ecluse et abb. d'Heylesem, Soignies de Haine, etc., du 20 mai 1690 au 20 juin 1694 : par le chev. de Beaurain. (S. cuivre, par Laurent et Beauvais, à l'éch. d'une lieue commune de Fr.). 8 feuillets double in-f°.

1308. **Gallia.** Geographica Galliæ descriptio... auctore Petro Plantio. Theodor. Gallæus, excudebat Antverpiæ (av. la Suisse, partie d'Italie, Pays-Bas et partie d'Angleterre. (S. cuivre, 390 × 475, aux armes de France dans un riche cart.

1309. **Carte** du pais situé entre Namur, Liège, Mézière et Arlon. (*Paris, Le Rouge,* 1742). — Carte conten. le pais entre Nieuport, L'Ecluse, Anvers, Ypre et Bruxelles. — Autre entre Venlo, Liège, Louvain et Malines. (S. cuivre, 495 × 620 ; 484 × 615 et 493 × 608 mill.). 3 f. in-f° double.

1309 bis. **Vue** panoramique de Lens (de Beaulieu). — Plan de la ville de Mont-Médi (Harrewyn fecit). (S. cuivre). 2 pièces.

Portraits — Œuvres d'artistes — Iconographie

1310. Charles-Philippe de France, **comte d'Artois** (gravure ancienne d'après un tableau original donné par le Roi aux Etats-Généraux de la prov. d'Artois en 1762). — **Jean d'Artois,** fils de Robert (petite gravure ancienne). — Le maréchal de **La Meilleraye,** général des armées du Roy en Artois (photographie d'une gravure ancienne). — 3 pièces.

1311. Ambroise, comte de **Hornes,** gouverneur de la province d'Artois (gravure ancienne). (Franciscus de Nys pinxit. lo Meiissens excudit, Paulus Pontius sculpsit). — Le maréchal de **La Meilleraye,** photogr. — P. **de Montesquiou d'Artagnan,** maréchal de France, gouverneur d'Arras (gravure ancienne avec notice par Bertaux et Dupréel.

1312. L'amiral **Rosamel**. de St-Martin-Boulogne. Lithographie de C. Fuhn. — Le même, plus âgé. Lithographie signée Maurin (1837). — Le général Ls-Jh **Cavrois,** né à Sailly (reproduction d'un tableau). — **Cuvelier de Tri**. capitaine de cavalerie et poète, né à Boulogne, mort en 1824. Lithogr. de C. Motte. — 4 pièces.

1313. Le général de division **Dorsenne,** né à Ardres. Gravure-portrait en médaillon. — Le vicomte Marie-Théodore-Urbain **Garbé,** lieutenant général du génie, né à Hesdin (gravure d'un dessin à la plume). — Le maréchal de camp Joseph **Vallongue**. inspecteur général du génie (lithographie de Lalance). — Le général **Tripier** (photographie). 4 pièces.

1314. François-Simon **Boudart,** curé de la Couture, député d'Artois en 1789 (gravure ancienne, effigie en médaillon. Moreau del.; Texier, sculp.). Collection Déjabin, Paris, place du Carrousel. — Bon-Albert **Briois de Beaumez,** né à Arras, député d'Artois en 1789 (gravure en médaillon). — **Carnot** Lazare (lithographie de Delpech). — **Payen**. député d'Artois à l'Assemblée nationale de 1789 (reproduction d'une gravure ancienne, portrait en médaillon). — 4 pièces.

1315. François-Joseph-Théodore, vicomte **Desandrouin**. député de la noblesse du bailliage de Calais et d'Ardres (gravure ancienne, portrait en médaillon, manière anglaise). Lambert del. Allais, sculp. *Paris, chez Le Vachez, sous les colonnades du Palais-Royal.* — **Payen,** député d'Artois à l'Ass. nat. de 1789 (reprod. d'une gravure ancienne).—2 pièces.

1316. M. le vicomte **des Androuins,** député du bailliage de Calais et Ardres (gravure ancienne, portrait en médaillon). Collection Dejabin. — J.-C.-F. Daunou, président de la Convention nationale, né à Boulogne-sur-Mer (lithographie Grégoire et Deneux). — **Parent-Réal,** jurisconsulte, né à Ardres (litho). — **Payen.** — 4 pièces.

1317. **Pilat,** de Brebières, député du bailliage de Douai en Flandre (gravure ancienne, portrait en médaillon). Collection Dejabin. — **Poultier** Jean-Baptiste-Jules, lieutenant gén. du bailliage de Montreuil-sur-Mer, député au dit bailliage (grav. anc., portrait en médaillon, *mezzotinto,* de la collection des portraits des députés à l'ass. nat. de 1789, éditée par Le Vachez).— **Saint-Amour**, ancien député, jurisconsulte (litho. de Gardon). — **Payen.** — 4 pièces.

1318. **Pilat,** de Brebières, *idem.*—M. **Poultier,** Lt gén., député à l'Ass. nat. (gravure ancienne, effigie en médaillon. — **Saint-Amour,** ancien député, jurisconsulte (portrait en médaillon, *mezzotinto*). — **Payen.** — 4 pièces.

1319. M. **Poultier,** député (gravure ancienne, portrait en médaillon par Godefroy et Massard). — **Idem** (gravure ancienne en médaillon dans une autre pose). — **Payen.** — 3 pièces.

1320. **Joseph Lebon,** oratorien, maire d'Arras, administrateur du Pas-de-Calais, député à la Convention nationale (1765-1795) ; — 3 portraits, 1 gravure le représentant à différentes époques de sa vie (Gabriel et Delpech).

1321. **Joseph Lebon.** 3 portraits, gravures, dont une grande lithogr. par Delpech.

1322. Maximilien **Robespierre,** député d'Artois aux Etats-Généraux de 1789, député de Paris à la Convention nationale (grande gravure ancienne, portrait en médaillon à l'aquatinte de Rob., vu de profil par Le Vachez, avec légende et vignette le représentant dans l'antisalle du Comité de Salut public pendant la nuit du 9 au 10 therm. an II. La vignette est une eau-forte de Duplessis-Bertaux. Pièce gr. in-f°, *très rare.*

1323. **Robespierre** (portrait en médaillon, aquatinte de Gautier). — Le même : portrait dans lequel il exprime le sang d'un cœur (aquatinte par Canu). 2 pièces.

1324. **Robespierre.** 4 portraits dans différentes poses (burins par Gouttière, Florensa, Monnin et Bosselman).

1325. **Maximilien Robespierre.** 3 portraits différents, burins par Gouttière, Bosselman et Flameng. — Portrait de R. et d'un conventionnel en costume de cérémonie (gravure lithographiée par Villain). — Augustin Robespierre, gr. dessinée d'après nature par Bonneville. — 5 pièces.

1326. **D'Havrincourt, Lantoine-Harduin,** A. d'**Hérambault,** J.-M. **Fourmentin, Bellart-Dambricourt.** Timothée **Cornille,** Frédéric **Degeorge,** représentants du peuple ; **Jourdain,** député (lithogr. de Courtois, Collette, etc.). — 8 pièces.

1327. **Carnot** Lazare, Frédéric **Degeorge, Lantoine-Harduin,** Emile **Lenglet, Olivier, Pierret, d'Havrincourt,** représentants du peuple (lithographies, eaux-fortes de Fuhn, Peronard, Courtois, etc.). — 7 pièces.

1328. J.-B. **Petit,** représentant du peuple ; **Piéron,** id. ; **Pierret,** id. ; le baron d'**Herlincourt ; Martel** et **Delebecque,** députés (lithographies). — 6 pièces.

1329. François **de Baglion de la Salle,** évêque d'Arras (gravure ancienne avec armoiries). B.-J. Wampe pinx. J. Daullé, sculp., offert 1733. — François **Richardot,** id. (gravure ancienne). — Pierre-Louis **Parisis,** id. (burin). — Le cardinal La Tour d'Auvergne sur son lit de mort (lith.). — 4 pièces.

1330. Jean de **Bonneguise,** évêque d'Arras (gravure ancienne avec armoiries). Charpentier pinx. Cars exc. — Ademar ou Aymar **Robert,** id. (gravure ancienne). — Le cardinal **de la Tour d'Auvergne** et J.-B. **Lequette,** évêques (portraits lithographiés). — 7 pièces.

1331. Etienne **Moreau,** év. d'Arras (grav. ancienne avec armoiries Bernard pinxit, L. Coquin, sculp., 1663. — Mgr Lequette, lithogr. — 3 pièces.

1332. Guy **de Sève de Rochechouart,** évêque d'Arras ; grav. ancienne avec armoiries (Paulus Mignard pinxit. Stepha-Baudet, sculp. ; offert par Antoine-Nicolas Damiens, chanoine d'Arras ; — médailles de l'évêque Louis **de Conzié.**— Mgr **Dennel,** lithogr., — La Tour d'Auvergne. — 8 pièces.

1333. Jean-Auguste **De Chastenet**, évêque de St-Omer (gravure ancienne en médaillon et armoiries). Collection Dejabin. — Antoine **Perrenot** (Granvelle), id. (gravure ancienne). — Gérard **d'Hamericourt**, id. (lithographie d'après un dessin ancien). — Louis **de Valbelle,** évêque de St-Omer en 1682, mort en 1708 (gravure ancienne en médaillon aux armoiries, gravée à Paris par E. Desrochers). — François **de Valbelle,** évêque de St-Omer en 1708 (gravure en médaillon avec armoiries, gravé par le même). — Joseph **de Valbelle,** évêque de St-Omer, idem. — 6 pièces.

1334. Le cardinal d'**Este**, **abbé de St-Vaast** d'Arras (gravure ancienne). — Michel **Lequien**, dominicain, né à Boulogne (1661-1733) (gravure ancienne, par Dupuis). — **Maximilien de Bourgogne,** abbé de St-Vaast (lithographie). — Le Bx **Gunfrid**, 1er abbé de Clairmarais, (lithographie d'après une ancienne miniature). — Charles **Odescalchi** (lith.). 6 pièces.

1335. Antoine **Chasse,** grand prieur de l'abbaye de St-Vaast d'Arras (grande gravure ancienne au burin, portrait en médaillon avec armoiries, peint et gravé par P. van Schappen, 1681 ; très bon état de conservation).

1336. François **Lucas**, docteur en théologie, de St-Omer, mort en 1619 (gravure ancienne, armoiries). — Lucas **Trelcatius**, professeur en théologie (gravure ancienne). — L'abbé **Lesbros**, chanoine d'Arras (lithographie). — L'abbé **Dulaurens**, auteur du « Compère Mathieu » et de la « Sainte Chandelle » (peint par Latour, gravure de Veran). — Le Père **Bredart** (1764-1824), chanoine d'Arras (lithographie). — L'abbé **Deron**, eau-forte. — Le chanoine **Delannoy**, doyen de Lillers, lith. — Le chanoine **Van Drival** (lith., 2 exemplaires).— 9 pièces.

1337. Benoît-Joseph **Labre** (gravure ancienne en médaillon, à Paris, chez Esnauts et Rapilly). — Idem, petite gravure ancienne. — Image d'Épinal. — Image représentant la béatification à Rome de Labre. — Images de piété représentant le bienheureux. — **Ste Isbergue** (imagerie ancienne, burin ancien par Doutrebon). — 35 pièces.

1338. Charles **de Lécluse** (Clusius, 1526-1609), (gravure ancienne en médaillon et encadrement, par N. de Larmessin).— François **Bauduin,** jurisconsulte (gravure ancienne, par le même). — 4 autres exemplaires du même, dont une contre-collée de *l'école d'Albert Dürer*. — François **Moncaeus,** d'Arras (gravure ancienne). — Charles **de Lécluse,** dit Clusius (gravure par Ambroise Tardieu, 2 ex.). — **Lavacquerie,** jurisconsulte (lithog. par Thomas). — 9 pièces.

1339. Frédéric **Sauvage** ; **Harbaville,** archéologue ; **De Mallortie,** littérateur ; **Boutry** Julien, aquafortiste ; Victor **Advielle,** homme de lettres ; **Dutilleux, Gautier** et Ch. **Demory,** peintres ; Ch. **Hanser,** musicien ; **Jacquet-Robillard,** Emile **Tétin,** peintre ; Jules **Thépaut**, peintre ; **Daunou** ; le peintre **Doncre** ; le musicien **Montigny** ; le peintre Gustave **Colin** ; Charles **Hary,** agriculteur ; **Deschamps de Pas** (portraits, gravures, lithog. et photographies).—Photog. de la statue d'Adam de la Halle, de Louis Noël. — 30 pièces.

1340. P.-A. **De la Place,** né à Calais (gravure ancienne). — **De Belloy,** id. — Robert **Gaguin,** id. — L'abbé Prévost (burin). — Eugène **Béghin,** historien de Béthune. — **Sainte-Beuve,** de Boulogne (2 portraits différents lithographiés). — Robertus **Gropretius**. Atrebas, médecin (reproduction d'une gravure ancienne). — 11 pièces.

1341. Henri **de Laplane** ; Jules **Héquet**, chef d'orchestre à la philharmonique (charge par Ernest Pamart) ; **Eustache de Saint-Pierre** ; Marie **de Caverel**, fondatrice de l'église du collège d'Aire ; Jean **de Caverel** ; Denis **Pannequin**, prévôt de la confrérie des Charitables de Béthune ; Félix **Lequien**, ancien député du Pas-de-Calais ; **De Givenchy, Deschamps de Pas.** — 16 pièces.

1342. **De Bette d'Etienville,** de St-Omer, impliqué dans l'affaire du collier (2 portraits, gravures anciennes en médaillons, dont l'une à l'eau-forte et l'autre à l'aquatinte). *A Paris, chez Basset, rue St-Jacques, près les Mathurins.*

1343. La marquise d'**Havrincourt** (1710). — Dominique de Cardevac, marquis d'Havr. (1730). — Marquise de Maintenon. — Vue du château d'Havrincourt au XVIIe siècle, photographies. — Le marquis d'Havrincourt (XIXe siècle), héliogravure Dujardin. — 5 pièces.

1344. **Œuvres d'artistes locaux** : Boutry, Breton, Delrue, Demory, Gautier, Morel, Noël, Mathon, galeries du café Sanpeur. 24 pièces, grav., lithogr.

1345. **Album** de la procession célébrée à Arras le 15 juillet 1860 en l'honneur du bienheureux Labre ; composé et lithographié par A. Collette, dédié à Mgr Parisis. — 24 planches in-f°, avec couverture coloriée.

1346. **Iconographie.** Costumes des chanoines réguliers de St-Eloy d'Arras et des religieux de St-Vaast en habit de chœur et de maison. 3 gravures anciennes. — Apparition de la Vierge à St Bernard, lithogr. de Robaut. — 4 pièces.

MONUMENTS CIVILS ET RELIGIEUX

Gravures — Dessins — Lithographies

1347. **Arras.** Hôtel de ville. Grav. et lithogr. par Gaucherel, Rouargue, Dutilleux, etc. — 11 pièces in-f° et in-4.

1348. **Arras.** Grand'Place, Petite-Place. Vue perspect. Folène, Maison rouge, etc. Dessins à la main et lith. Desavary. 5 p. in-f° et in-8.

1349. **Idem.** Vues. Maison rouge, Fédération. Lith. Lemercier, Desavary, etc. — 6 pièces.

1350. **Les Places** d'A. à la fin du XVIIIe s., par Victor Advielle. *Arras*, *Sueur*, 1893, av. vue perspect. d'après David. In-4.

1351. **Arras.** Petite-Place. Grav. s. cuivre, XVIIIe s., lith. Lemercier d'apr. Deroy, XIXe s. — 2 p. in-8.

1352. **Arras.** Petite-Place, dess. de David, vue phot. de Grandguillaume ; porte Ronville, zincog. par Boutry. — 3 p.

1353. **Arras**. Porte d'Eau, d'après A. Robert ; sortie du fossé Burien, photog 3 pièces.

1354. **Id**. Anc. cathédrale, vue sur cuivre ; maître autel et autel des Reliques par Gaucherel ; cryptes en 1847. — 4 p.

1355. **Id**. Plan terrestre avec maisons canoniales ; mosaïque de l'év. Frumauld ; crypte (1847), etc. Lith. Dutilleux et Desavary. 4 p.

1356. **Id**. Cathédrale actuelle. Vues par Dutilleux, etc. — 6 p.

1357. **Id**. St-Nicolas-en-Cité. Vues, trésor, châsse, tableaux. Lith. Bernard, Robaut et photo. — 9 pièces.

1358. **Arras**. Ardents et Ste-Chandelle, démol. de la chapelle, reliquaire ; gr. de Gaucherel sur dess. de de Linas. 5 p. in-4.

1359. **Id**. Autre lot av. gr. anc. s. cuivre de Verly. — 4 pièces.

1360. **Id**. Iconographie des Ardents. — 6 pièces.

1361. **Arras**. Calvaire et Petit Atre. Iconographie (1738 et 1761) sur cuivre et lithogr. — 6 pièces.

1362. **Idem**. — 7 pièces.

1363. **Idem**. — 7 pièces.

1364. **Arras**. Ancienne abb. et palais St-Vaast. Tombeau du roi Thierry. Lithogr. Degeorge, Mortreux et Desavary. — 12 p.

1365. **Arras**. Egl. des Jésuites, chap. des Templiers, Refuge de St-Eloi. Lith. par Robaut, Desavary, Boutry. — 7 p.

1366. **Arras**. Ursulines, chapelle, reliquaire, autel, par Robaut. — 5 pièces.

1367. **Arras**. Chapelle des Bénédictines du S. Sacrement, façade latérale, vue gén., autel, transept. Lith. par Collette, Benoist, Bachelier. *Paris*, *Lemercier* (XIXe s.). 4 pl. bistrées, in-f°.

1368. **Idem**. Autre lot. — 4 pièces.

1369. **Arras**, Castrum, collégiale de St-Pierre, Templiers, St-Sacrement, etc., par Dutilleux, Robaut, Desavary. — 10 pièces.

1370. **Arras**. Musée, monuments funèbres, inscript., mosaïque de Frumauld, etc., par Robaut, Desavary. — 15 pièces.

1371. **Id**. Autre lot. — 10 pièces.

1372. **Arras**. Vieilles maisons. Ecroulement des maisons Pamart, etc., par Desavary, Robaut. — 6 pièces.

1373. **Arras**. Vieilles maisons, caves, fédération de 1790.— 13 p.

1374. **Arras**. Décapitation de « monsieur **Gosson**, conseiller et député de Son Altesse et de la bourgeoisie d'icelle ville, le dimenche, 26 d'octobre, à deux heures en la nuit, au 1578, en son aage de 70 ans... », avec notice en franç. et en allemand. (Estampe sur cuivre, 207 × 282 mill., figurant la décap. sur la Petite-Place, avec hommes d'armes, magistrats et gens du peuple ; grav. allem., av. marges, *tr. rare).*

1375. **Id**. Même épreuve, sans marges.

1376. **Id**. Même épreuve, moins le texte.

1377. **Ablain-St-Nazaire** : égl. et château, lith. de Robaut. — Ruines de **Bailleulmont**, lith. d'après Boutry ; — de **Bailleulval**, château de Bailleulval, lith. Robaut. — 6 pièces.

1378. Ablain, Bailleulmont, Bailleulval. — 5 pièces.

1379. **Bapaume** : hôtel de ville, lith. de Langlumé (vers 1830) ; — église ; — Le Pressoir mystique, tableau conservé dans l'église de **Baralle** ; — Tour de **Carency**, lith. Robaut ; — Eglise d'Ecoust-Saint-Mein, lith. Dutilleux. — 8 pièces.

1380. Galerie souterraine d'**Ervillers**, lith. par L. G. — Ablain, Baralle, Carency, Bailleulval. — 10 pièces.

1381. Chemin de fer du Nord : catastrophe de **Fampoux**, 8 Juillet 1846, à 2 h. 1/2 après-midi ; lith. de F. Robaut, à Douai, dessiné sur les lieux par Robaut. *Très rare.* 1 pièce.

1382. Pierre tumulaire de **Farbus**, lith. Desav. ; — monnaies romaines de **Ficheux**, lith. Rob. ; — Tour des Templiers à **Haute-Avesnes**, d'après le crayon de C. le Gentil, lith. col. de Desavary-Dutilleux ; — plate tombe de frère Martin de Chambli, lith. Desavary ; — Boucles de ceinturons de **Marœuil**, id. ; — **Marquion**, plan de l'égl., XIIIe s. 6 pièces.

1383. **Vue** de l'abbaye de St-Eloi, lith. de C. Dutilleux, gr. in-f°.

1384. Tombeaux, monnaies, croix reliquaire d'**Oisy-le-Verger**. — Egl. d'Oppy. — Vierge de **Quéant**, lithog. Robaut. — Château de **Remy**.— Tableau à St-Léger, lith. Desavary. — 6 pièces.

1385. **Mont-St-Éloi**, lith. Dutilleux, gr. in-f°; Ficheux, Haute-Avesnes, Marœuil, Oisy, Quéant. — 6 pièces.

1386. Croix de Demencourt à **Ste-Catherine** ; — église de **Souchez**, plan et intérieur ; — vue et antiquités. — 7 pièces.

1387. **Souchez** ; pierres tombales de **Vaulx-Vraucourt** et de **Willerval**. — 18 pièces.

1388. Sceaux de **Lens** ; — **Lillers**, façade de l'église, lith. Gaucherel ; — détails architec. de l'église ; — **St-Venant**, fonts baptis. ; — détails des sculp., lith. Robaut ; — fonts baptism. romans de Guarbecques, Blessy et Ames. — 6 pièces.

1389. **Lillers**, église, façade occid. ; — façade nord ; — détails architecton., 3 lithogr. de Gaucherel ; — fonts baptismaux romans de Guarbecques, Blessy et Ames. — 4 pièces.

1390. **La Beuvrière**. église et prévôté, lith. Robaut. — **La Buissière**, vue générale, fonts baptism., fenêtre, dessins Desavary. — Sceaux de **Lens**. — **Lillers**, façade nord de l'égl., lithogr. Gaucherel. — Fonts baptismaux romans d'églises de l'arr. de Béth., Guarbecques, Blessy, Ames. — 5 pièces.

1391. **Ames**, arcature du chœur, lithogr. ; — **Guarbecques**, perspective de l'église, photogr. ; — partie du clocher, lithogr. Gaucherel ; — façade et détails de sculptur. de l'église, lithogr. Gaucherel. — 4 pièces.

1392. **Béthune**. Porte St-Pry ; — prison ; — peigne appartenant à la collection Dancoisne, lithogr. ; — inscription de la porte St-Pry ; — les administrateurs du bureau de bienf. et de l'hospice, 2 lithogr. de Beybourbon. — 6 pièces.

1393. **Béthune**. Porte du Rivage, lithogr. Boldoduc ; — église, coupes transversale et longitudinale, lithogr. Robaut ; — porte St-Pry ; — plan de la prison. — 4 pièces.

1394. **Béthune**. Eglise, vue extérieure, lithogr. Robaut ; — vue prise sous le porche, lithogr. Robaut ; — ancienne porte St-Pry, dessin de Boutry ; — porte St-Pry, lith. Desavary ; — prison cellulaire, plan lithogr. — 5 pièces.

1395. **Veües** et perspective de l'église Nostre-Dame de Boullongne. — Israël excud. cum privil. regis. Sur cuivre, grav. ancienne, 110 × 250.

1396. **Même vue** en moins bon état. Egl. St-François de Sales au faubourg de Bréquerecque, lith. f° coloriée par Asselineau, Becquet ; publiée par Watel, 20, rue de l'Ecu, à B.— 2 pièces.

1397. **Boulogne.** View of the column., lith. d'après Nash par T. Sutherland, publiée à Paris par Frerot. — Vue de B. et de la Tour d'Ordre, de N.-D. — Antiquités romaines. — Tombeau de Mathieu Ier, Cte de Boulogne, au musée. — 8 pièces.

1398. Nouvelle église de N.-D. **de B.**, lith. coloriée par Deroy ; vues de la porte Gayole, du Palais de Justice, Haute-Ville, et du port, prise du barrage ; grav. par A. Orszagh. *Imp. Lemercier, Paris.*— **Calais**, vue d'une porte, lith. en coul. 5 p.

1399. Pierres tombales découvertes sur l'empl. de l'anc. égl. de l'abbaye d'**Andres** ; — Tours de **Coquelles** et de **Ferques**, lith. Desavary ; — antiquités de **Nesles-lez-Verlincthun**, par Vaillant ; — Egl. St-Léonard, par Gaucherel ; — Eglise du **Waast**, façade et chapiteaux, par le même. — 6 pièces.— Autre : Andres, Coquelles, Le Waast. — 4 pièces.

1400. **Brimeux**, série de poids trouvés en 1885, lith. Vaillant; **Canlers**, encensoir, lith. Robaut ; — **Créquy**, ruines du château, dess. de Rauch ; — **Dommartin**, détails archit. de l'église, tombeau de Gérard Blassel, abbé ; lith. Desavary. 5 p.

1401. **Canlers**, encensoir ; — **Étaples**, église N.-D., détails architect., coupe ; — détails extérieurs, vue extér. ; — fouilles du château en 1864, lithogr. de Robaut. — 6 pièces.

1402. **Créquy**, ruines du château ; — **Étaples**, détails archit. de l'église, coupe, vue extér., lithogr. Robaut. — 5 pièces.

1403. **Canlers**, encensoir ; — **Créquy**, ruines du chât. ; — **Étaples**, église. 6 pièces.

1404. **Fressin**, ruines du château, lithogr. Jacottet ; — église, vue extér., détails, développ. géom. des 4 faces, retable de la sacristie, lithogr. Robaut. — 4 pièces.

1405. **Montreuil** : triforium de l'église St-Saulve, grav. Gaucherel ; détails de la crosse de Ste Julienne, id. ; — fortifications, dess. par Eug. Cicéri. — 3 pièces.

1406. **Montreuil**. Planches du tirage avant la lettre de l'album du Bon Taylor, dess. et lith. Blanchard ; vue de l'égl. Ste-Austreberthe, abside de l'église des Carmes, vue int. de l'église, ruines de l'abb. St-Josse, tombeau, motifs sculptés, transept nord de l'égl. St-Saulve, Hôtel-Dieu, fortif. — 8 p.

1407. **Montreuil**. Triforium de l'église St-Saulve, lith. Gaucherel ; — **Sorrus**, bas-relief, lith. Robaut ; — **Étaples**, vue ext. de l'église, coupes, lith. Robaut. — 6 pièces.

1408. **Aire** : hôtel de ville, lith. Desavary ; — église des Jésuites ; — bailliage ; — hist. du chef de St Jacques, peinture murale de l'église, lithogr. Robaut ; — église St-Pierre, photographie. 5 pièces.

1409. **Aire** : bailliage, hôtel de ville ; — hist. du chef de St Jacques, peinture murale dans l'église, lithogr. Robaut ; — église St-Pierre, photographie. — 5 pièces.

1410. **Aire** : bailliage ; — hôtel de ville ; — hist. du chef de St Jacques, 3 lith. de Robaut ; — église, détails d'une travée de la galerie de l'abside restaurée ; — jubé en bois sculpté, d'après les dessins de Boileau, arch., lithogr. Mignon. 5 p.

1411. **Erny-St-Julien**, fragments d'archit. trouvés dans le cimetière, lith. Desavary ; — **Fauquembergues**, souterrain découvert en 1868, lith. Robaut ; — **Lumbres**, église, lith. Desavary ; — **Reclinghem**, église, dessin de Villeret, lith. Sorrieu ; — **Ruhout**, plan lith. de la forêt, réduction d'un anc. dessin. — 5 pièces.

1412. **St-Omer**. Vues des ruines de St-Bertin, lithogr. Desrosiers ; — lith. Delpech ; — vue perspect. du collège anglais ; — collège St-Bertin, façade nouvelle, lith. Lagache ; — ancien hôtel de ville, lith. Gaucherel. — 6 pièces.

1413. **St-Omer**. Tour de l'église St-Denis, anc. hôtel de ville, lith. Gaucherel ; — croix de Clairmarais, photogr. ; — vue perspect. du collège anglais ; — vue de la place d'armes et de l'hôtel de ville, dess. lith. de E. Blanchard. — 5 pièces.

1414. **St-Omer** : monuments de J. Louchart et de Sydrach de Lalaing dans la cath., photot. Royer ; — ruines de St-Bertin ; ruines du refuge de Clairmarais disparues en 1861, dess. de

Peuple ; — anc. hôtel de ville, dess. de Gaucherel ; — vue perspect. du coll. ; — plan lith. de la forêt du Ruhout. 6 p.

1415. **St-Omer.** Vue ext. de la cathédrale, gravure XVIIe s., dess. de Devel ; — anc. hôtel de ville, lith. Gaucherel ; — vue perspect. du collège anglais, photot. ; — tombeau de la cathédrale, dess. de Rouargue, lith. Delpech ; — grandes orgues de l'ancienne cath., dess. Delhom, lith. Lagache. — 5 pièces.

1416. **Wismes.** Vue extérieure de l'église, détails archit., lith. Robaut ; — détails de sculpture intérieure, id. — 3 pièces.

1417. **Église** abbatiale d'Auchy-les-Moines, plan figuratif, armoiries, lith. Desavary ; — statuette du XVe siècle en argent conservée à Avesnes-le-Comte, lith. Robaut ; — chapelle funéraire d'Azincourt, lit. R. ; — The Battle of Agincourt (Wale del., Walker sculp.), grav. ancienne tirée pour l'History of England de Mountagne. — 6 pièces.

1418. **Château** de Bours-Maretz, lith. Robaut ; — Abbaye de Cercamp (ancien log. abbatial, château du baron de Fourment, lith. Desavary ; vue gravée par Bourret. Grav. ancienne, XVIIIe s. (Deux exemplaires). — 4 pièces.

1419. **Cercamp,** vue gravée par Bourret ; — croix de grés de **Vacquerie-le-Boucq,** lith. Desavary ; — tour de **Villers-Châtel,** id. ; — **Wignacourt** (ruines du château, côté nord et sud, idem). 6 pièces.

RELIURES — AUTOGRAPHES
INCUNABLES
LIVRES RARES ET A GRAVURES

1420. **Œuvres** de St François de Sales. *Paris, Cottinet,* 1641, gr. in-f° relié veau. **Deux fers** aux armes d'un abbé de St-Vaast, avec le monogramme (Vedasti).

1421. **Les Aventures** de Télémaque. *Paris, Delalain,* 1786, in-12, avec 13 gravures hors texte et une carte dressée par le sieur Roussel et gravée par Mlle de St-Laurent. **Deux fers** aux armes des Etats d'Artois.

1422. **Les Caractères** de Théophraste. *Amsterdam, chez F. Changuion*, 1741. **Deux fers** aux armes de la ville d'Arras.

1423. **Signatures autographes** avec **cachets** originaux en cire de Voysin (1710), cardinal de Rohan, de Thieulaine (1734), Pontchartrain (1711), de Lamoignon (1751), de Harlay, Joly de Fleury (1717), Chamillart, d'Aguesseau (1734), d'Armenonville (1722). — 10 pièces.

1424. **Signatures** de Louis XIV, Tellier (Louvois), de Maupeou, duc de Feltre. — Lettre du duc de Rovigo, 8 octobre 1813.

1425. **Signatures** des administrateurs du dép. du Pas-de-Calais, an VI (Merlin, Leblond, Gayant, Duflos, Parent-Réal, Coffin, Berquier-Neuville, Bergaigne.

1426. **INCUNABLE**. **Biblia sacra** (1484). « Prologus in bibliam... Incipit epistola beati Hieronimi ad Paulinum presbyterum de omnibus divine hystorie libris... ». — « Exactum est inclyta in urbe Venetiarum sacrosanctum biblie volumen integerrimis expolitusque litterarum caracteribus. Magistri Joannis dicti magni Herbort de Selgenstat alemani : ceteros facile omnes hac tempestate supereminet. Olympiadibus dominicis Anno v° MCCCCLXXXIIII, pridie Kalendas maii ». — Au f° 1, miniature de 48 × 58 mill., représ. un cardinal assis devant un pupitre au livre ouvert, avec un chien à ses pieds ; demi-encadrement : rinceaux et fleurs, majusc. vermillon et outremer. — In-4, 742 p. chiffrées à la main et 33 f. non paginés, rel. veau, dos orné, superbe impression gothique.

1427. **INCUNABLES**. **Properce, Tibulle, Catulle, Ovide** (1485-1488). — Ad amplissimum P. Julianum Honoratis. Ostiensem antistitem Sancti Petri ad Vincula cardinalem Antonii Volsci in Propertianarum interpretationum libri. — Impressum hoc opus Venetiis per magistrum Andream de Patascichis Catarensem MCCCCLXXXVIII. Kl. februa. — Bernardinus Veronensis Baptistae Ursino, aerarii pontific. custodi et almæ Urbis Gymnasii vicerectori... (vers latins). **Tibulle**, idem. Venise, 1487, 18 Kl. janvier— Jacobus comes Iularius Veronensis suo Parthenio &... (Catulle). — Antonii Volsci... in Heroidas (Ovide), etc.—Impressum Venetiis per Bartolomeum de Zanis de Portesio sub anno domini MCCCCLXXXVII... 24

nov. — Autres commentaires (Venise, 1485, 27 août). Pet in-f° relié veau.

1428. **INCUNABLE. Sphère et Géométrie : quadrature du cercle (1495-1498).** Uberrimum sphere mundi || comentum intersertis etiam questio || nibus domini Petri de Aliaco. ||. Frontispice grav. sur bois avec la marque de Iehan Petit — f° 1 v° bois figurant la sphère et le pôle arctique — f° 2 vers latins de Pierre « de Lerma Burgensis ». — f° 2 v° bois figurant un nègre ; — f° 3. Préface de Petrus Cirvellus Darocensis ; f° 6 v° bois. A la fin du chapitre IV. « Et sic est finis huius egregii tractatus de Sphera mundi Johannis de Sacro Busto anglici et doctoris Parisiensis una cum textualibus optimisque additionibus ac uberrimo commentario Petri Cirvelli Darocensis ex ea parte Tarraconen. Hispanie quam Aragoniam et Celtiberiam dicunt oriundi... Impressum est hoc opusculum anno dominice nativitatis 1498 in mense februarii Parisius in campo Gallardo, opera atqua impensis Magistri Guidonis Mercatoris ». — Suit un **Dialogus disputatorius**, et des vers de Gunsali Egidii Burgensis ; l'ouvrage se termine par un bois magnifique. Petit in-f° goth., relié veau. — Dans le même volume se trouve relié un deuxième incunable : Geometria speculativa || Thome Bravardini recoligens omnes conclusiones geometricas... simul cum quodam tractatu de quadratura circuli noviter editæ, frontispice bois... — Et sic explicit geometria Th. Brav. cum tractatulo de quadratura circuli bene revisa a Petro Sanchez Cirvelo operaque Guidonis Mercatoris diligentissime impresse Parisius in campo Gaillardi anno domini 1495 die 20 maii. » Pet. f° goth.

1429. **INCUNABLE. Discours et poésies de Philippe Beroalde** (Brescia, 1497). — Orationes et carmina Baroaldi. — Philippus Beroaldus Boemo discipulo suo ; — a, b, c, d, e, f, g, h, i, k, l, omnes sunt quaterni. — 88 f^os^. — Expliciunt orationes et quamplures apendiculæ versuum editæ a Philippo Beroaldo Bononiensi. Impressæ vero Brixiæ anno MCCCCLXXXXVII. in commune ab Angelo Britannico librorum mercatore cive Brixiano solertissimo editæ. in-4 relié.

1430. **Justi Lipsi.** Opera omnia quæ ad criticam proprie spectant. Quibus accessit Electorum liber secundus, novus nec ante editus : cetera item varii aucta et correcta : quorum omnium Index et ordo pagina sequenti [Antiquarum lectionum, libri quinque ; — Epistolicarum quæstionum, libri quinque ; — Electorum, libri duo ; — Variarum lectionum, libri tres ; — Satyra Mænippæa, somnium]. *Antverpiæ, apud Christoph. Plantinum* (1585) ; in-4, 146-198-157-99-117 et 24 p. ; marque de l'impr. plantinienne, rel. veau avec encadr. à grandes fleurs de lis, dos orné.

1431. **Antiquæ musicæ** auctores septem. Græce et latine. Marcus Meibomius restituit ac notis explicavit. *Amstelodami, apud Ludovicum Elzevirium* (1652) ; in-4, rel. parch. anc. s. nerfs, filets et fers à froid.

1432. Contenta. **Biturigum consuetudines**, a Nicolao Boerio tunc consule regio in magno Consilio, et præside Burdegalensi, etc... Aurelianorum item consuetudines a Pyrrho Englebermeo doctore Aurelianensi, Turonum consuetudines, a Joanne Sainson tunc præside in bailliviatu Castillionensi, deinde consiliario, etc... [avec coutumes d'Orléans et celles de Tours, en latin-français]. *Parisiis, apud Jacobum Kerver*, 1547, in-8, 187 et 346 f., d.-rel. v.

1433. **Chronique** sommairement traictée des faictz heroiques de tous les Rois de France, et des personnes et choses mémorables de leurs temps [de Pharamond à Charles IX]. *A Lyon, par Clément Baudin*, M.D.LXX. — Dédicace à Fr. de Mandelot, seigneur de Passy, lieut. gén. du gouv. de Lionnais et Beaujolais, par Cl. Baudin ; — Sonnets : par G. Bernard ; — A la France, P. Bugnyon, av. en la sénéch. de Lyon : « Jamais il ne se fit en France tant de maux, devise « Vouloir et espérer » ; — autre à M. de Mandelot, par G. Bernard, roannais, av. ès-cours de Lyon : « Je veux chanter le loz, non du jeune Apfricain, devise « flourir entre les fleches. » Petit in-8, 464 p., riche encadr. bois et marq. d'impr., rel. anc. parch.

1434. **Cange** (Ch. Du Fresne, Sr du). Glossarium ad scriptores mediæ et infimæ latinitatis tres in tomos digestum. *Lutetiæ Parisiorum, typis Gabrielis Martini, prostat apud Ludov. Billaine, bibl. Parisiensem* (1678). — 3 vol. gr. in-fo avec frontispice gravé par Nolin.

1435. **L'Eneide** traduite en vers françois, dédiée à Mons. l'Eminentissime Card. Mazarin [texte en regard]. *Paris, des caract. de P. Moreau, seul impr. et graveur ordinaire du Roy de la nouv. Imprimerie par luy faite et inventée : Et se vend chez sa vefve, vis-à-vis l'Horloge du Palais.* Av. priv. de S. M. 1648. — In-4, 465 p., priv. et 9 feuillets limin., beau frontispice gr. par A. Bausse, 6 grav. têtes de chap. par le même et carte du voyage d'Enée, rel. v., bel ex.

1436. **T. Lucretii Cari.** De Rerum natura, libri sex, cum notis integris Dionysii Lambini, Oberti Gifanii, Tenaquilli Fabri, Thomæ Creech, et selectis Jo. Baptistæ Pii, aliorumque, curante Sigeberto Havercampo qui et suas et Abrahami Preigeri adnotationes adjecit, etc... *Lugduni Batavorum, apud Janssonios Van der Aa* (1725). 2 vol. in-4, av. 7 belles compositions hors texte (184 × 144 mill.) par Frans van Mieris, grav. par J. Wandelaar ; rel. veau plein, d. orné.

1437. **P. Virgilii** maronis opera, cum integris commentariis Servii, Philargyrii, Pierii. accedunt Scaligeri et Lindenbrogii notæ ad Culicem, Cirin, Catalecta. Ad cod. ms. regium Parisiensem recensuit Pancratius Masvicius, cum indicibus absolut. et figuris elegantissimis. *Leovardiae, excudit Franc. Halma, DD. ordinum Frisiae, typographus* (1727).—2 vol. in-4, rel. parch. s. nerfs, filets et fers à froid. Gr. front. gravé par M. Pool, d'après Houbraken ; 15 têtes de chap. (100 × 135 mill.), culs de lampe et carte par le même. Bel ex.

1438. **Vaillant** (Jean), docteur de Beauvais. Numismata imperat. romanor. præstantiora a Julio Cæsare ad Postumum et tyrannos. *Lutetiae Parisiorum, sumptibus Joannis Jombert, prope Basilicam etc...* (1692). 2 vol. in-4, rel. en un seul. Ex-libr. aux armes de Rigaudaux-Desvergers, nombr. reprod. s. cuivre, av. prix en marge.

1439. **Dinaux.** La Société des Rosati d'Arras (1778-1788). *A la Vallée des Roses de l'imprimerie anacréontique l'an 1000 800 50.* 57 p. gr. in-4, édition de luxe sur grand papier rose, envoi de l'auteur au président Quenson. — Gravure du Berceau des Roses. — Fêtes des Roses. 1 vol. in-4 et 7 br. in-8.

ERRATA

Page			
Page 23	au lieu de	n° 265. Vingtièmes, lire 264. Vingtièmes.
— 29	—	n° 321. Élections, lire 317 bis.
— 32	—	n° 330. « Les Vaillants d'Arras », lire « les Vaillantes d'Arras. ».
— 41	—	n° 418. Plaidoyer, lire 417. Plaidoyer.
— 42	—	1e ligne. 19 Réplique, lire 419 Réplique.
— 55	—	n° 556. Exempl. br., lire 555.
— 60	—	n° 604. Congrès, lire 605.
— 64	—	n° 934. — lire 634.
— 64	—	n° 936. Rosatis, lire Rosati.
— 80	—	n° 765. Catalogue, lire 766. Catalogue.
— 90	—	n° 876. Conducteur, lire 876 bis.
— 91	—	n° 382. Plan, lire 882. Plan.

Arras. — Imp Schoutheer Frères, rue des Trois-Visages, 59.

www.ingramcontent.com/pod-product-compliance
Ingram Content Group UK Ltd.
Pitfield, Milton Keynes, MK11 3LW, UK
UKHW021155260726
13994UKWH00001B/467